機械論的世界観批判序説

内省的理性と公共的理性

大倉　茂

学文社

はじめに

本書の目的は、思想的課題として環境の危機、人間の危機を捉えたうえで、その思想的背景である機械論的世界観を批判することにある。

携帯電話をはじめとした電子機器を購入して、早速いろいろ操作するときには高揚感があるだろう。ところが、電子機器に使われている希少な資源の開発によって深刻な環境の危機が発生しているという。他方、外食に出かけたときに思わず注文しすぎて料理を残してしまうこともあるかもしれない。ところが、飽食社会である日本には、同時に多くの餓死者が存在するなど格差問題という見過ごせない人間の危機が横たわっている。こういった二つの危機に思想はどのように応答することが可能であろうか。本書は、その応答として機械論的世界観の批判に取り組んだものである。

現代社会にある環境の危機、人間の危機を克服するには、近代の世界観である機械論的世界観の批判が求められる。そもそも機械論的世界観とはなにか。なぜ二つの危機と機械論的世界観が関係あるのか。機械論的世界観批判から考える意図はなにか。さらには、その批判の先にある脱近代の倫理や社会はどのようなものか。そういった問いと格闘していく中で、近代の理性のあり方が輪郭を帯びてくる。孤独な理性から内省的理性と公共的理性の響き合う理性へ。その地平から見えてくる脱近代の世界観とはなにか。現代社会を憂う友とその問いを共有したい。

二〇一五年一〇月

大倉　茂

目次

凡例

（1）脚注における書誌情報は、著者名、発行年、頁数の順に記すこととする。
（2）翻訳文献の引用箇所における原語の挿入は、引用者による。
（3）引用文献において数冊に分冊されている文献の場合、引用頁数の後に〔　〕をつけ、その中に該当する分冊巻を示すこととする。

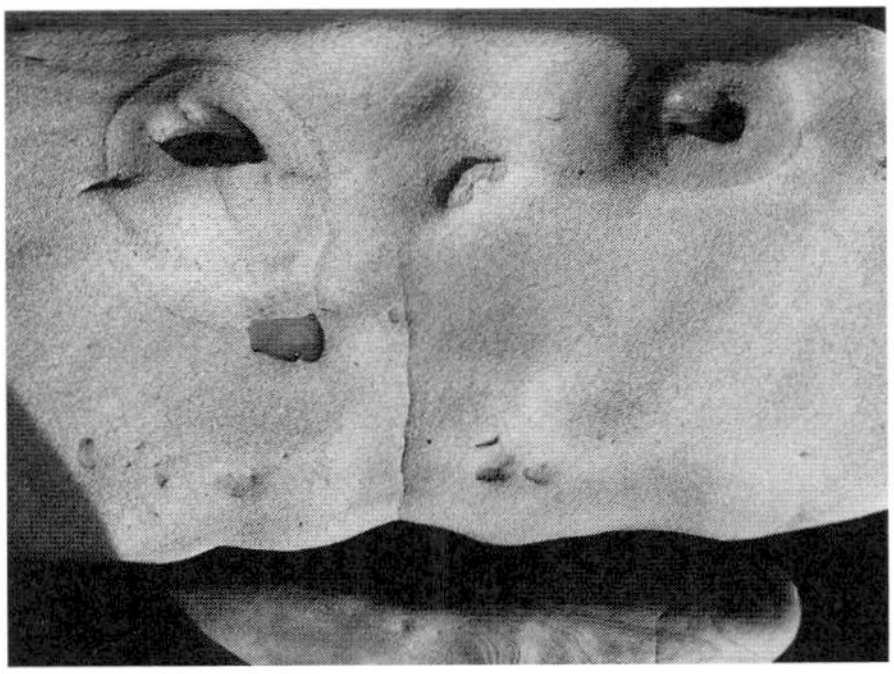

水俣病事件の原因のうち、有機水銀は小なる原因であり、チッソが流したということは中なる原因であるが大なる原因ではない。水俣病事件発生のもっとも根本的な、大なる原因は〝人を人と思わない状況〟いいかえれば人間疎外、人権無視、差別といった言葉で言いあらわされる状況の存在である。これが1960年から水俣病と付き合ってきた私の結論である。

（原田正純）

序論
本書の課題と概観

序論では、本書の課題を提示し、概観を得ることを目的とする。ここでいう概観を得るとは、本書の大きな流れを確認するだけでなく、本書のキーワードとなる概念のさしあたっての意味を確認することも意味する。

本書の課題

本書は、哲学の立場から、現代社会を批判的に考えることを課題とする。とくに機械論的世界観の視点から、包括的に現代社会を捉える。機械論的世界観の視点から包括的に現代社会を捉えることは、将来社会をいかに構想するか*の方向性を示すことが同時になされよう。詳細は第1章に述べることになるが、機械論的世界観の視点から現代社会を捉えることと将来社会をいかに構想するかの方向性を示すことが同時に可能となることこそが、現代社会を批判的に考えることの意義である。

環境問題と格差問題

現代社会を批判的に考える場合に、出発点となるのが、環境問題と格差問題**である。環境問題と格差問題は、現代社会に特有の問題が集約されていると考えられる。したがって、環境問題と格差問題を出発点として現代社会を考えることで、現代社会の包括的な理解を得ることができる。また、機械論的世界観という視点から考えると、環境問題と格差問題という別々に語られがちな二つの問題の根源性が見えてくる。環境問題を環境の危機、そして格差問題を人間の危機と考えるならば、環境の危機と人間の危機の根源性が見えてくるのである。環境問題と

*現代社会において危機の時代への対応として、将来社会を構想する力、すなわち構想力や想像力といった人間の能力が求められている。したがって、われわれは構想力や想像力のありように立ち入らなければならない。

**第6章を参照のこと。

序論

格差問題は、第6章において詳しく考えていくことになるが、ここで概観を得ておく。

環境問題は、自然の有限性をわれわれの意識下に強く示した。環境問題は前近代においても限定的なあり方で散見されたが、環境問題は近代の問題である。足尾鉱山鉱毒事件から水俣病をはじめとした四大公害病、そして現代へとつらなるローカルな環境問題、大気汚染や海洋汚染、そして砂漠化といった国境を越えたリージョナルな環境問題、資源の枯渇、海水面の上昇といった地球規模のグローバルな環境問題、どれも近代における問題である。

格差問題は、主として経済格差の問題と捉えることができる。貧富の格差、男女格差、地域格差、南北格差、所得の経済格差と学力格差の問題、正規雇用と非正規雇用の格差の問題、民族格差などそれぞれの問題の特質はあれど、主として経済格差の問題として扱われているといってよい。本書で扱う格差も経済格差を主とする。なぜ格差が問題として扱われるかといえば、近代のすべての人間が自由で平等であるべきだという正義ゆえである。〈公正としての正義〉という規範がなければ格差は問題とはならない。したがって、格差問題は近代の問題なのである。

近代

ここで環境問題と格差問題の共通点として、どちらも近代の問題であるということが挙げられる。したがって、ここで近代とはなにかということに言及しておきたい。近代とは、歴史区分としての近代と、様式としての〈近代〉にわけて考えることができる。歴史区分としての近代は、歴史はしばしば古代、中世、近世、近代、現代と分けて考えるときに登場する。この場合の近代は、日本であれば明治以降と考えることができよう。本書において歴史区分の概念として前近代と書く場合は、古代、中世、近世を指す。他方で、様式としての〈近代〉は、人間の様式であれば近代個人主義、社会の様式であれば国民国家、市民社会、市場経済、思考の様式であれば科学的な目的合理的な思考として考えることができる。そして、機械論的世界観こそが〈近代〉における世界観の様式である。このように考えるならば、時代区分としての近代は、機械論的世界観という世界観の様式が支配的な時代であるといえる。そして、現代社会は、将来社会への萌芽を含みつつも、様式としては〈近代〉に留まっていると考える。

したがって、現代社会を機械論的世界観によって包括的に捉える中で将来社会をいかに構想するかの方向性を示すことが同時に可能となると先に述べたが、それは機械論的世界観を批判する過程で機械論的世界観ではない世界観が見えてくることにもつながるのである。

機械論的世界観

では、〈近代〉の世界観の様式である機械論的世界観*とはなにか。この問いは、本書の主題であるので詳細は、以下を読んで頂くにしてもここで若干の説明を行っておくことは、読者の助けになろう。まず世界観とはなにか。世界観とは、人間、あるいはその社会による世界の見方である。見方ということをより分析して考えると、見方とは、認識と態度である。言い換えれば、対象をどう見るか、そして、対象をどう扱うかということである。世界観とは、世界の認識であると同時に、世界への態度である。

そうなれば、世界とはなにかという問いが生じよう。世界は、人間が捉えうる対象すべてである。人間が捉えうる対象すべてということの中には、人間や人間が対象を捉える認識や思考

*第6章を参照のこと。

の過程も含まれることとなる。そういった世界をいきなりまとめて考察することは茫漠とした議論になってしまうかもしれないので、本書は世界を自然、人間、社会に分けて考えることとする。すなわち、世界観を、自然観、人間観、社会観に分けて考えることとなる。

では、世界観に対する一定の理解が得られたとして、機械論的世界観の機械論とはなにか。この問いについては第1章において詳述することになるが、機械論に対する差し当たりの定義は、対象を説明する場合、機械をメタファーとして、あるいはモデルとして説明する考え方であるといえる。したがって、機械論的世界観は、世界を機械をメタファーとして、あるいはモデルとして認識すると同時に、扱う世界観なのである。

理性

近代に特徴的な理性のあり方は、〈個〉的な孤独な理性である。先にも述べたように、世界観とは、世界の認識であると同時に、世界への態度である。意識の能力である理性との関わりでいえば、世界の認識は理論理性、世界への態度は実践理性にわけて考えることができる。他方で、理論理性と実践理性の根幹には、その世界観に対応する理性のあり方がある。ある特有の理性のあり方は、ある特有の世界観をつくる。したがって、世界観の批判は、ただちに理性の批判となるのである。そして、本書が進むにつれて若干の訂正を加えることになるが、本書のサブタイトルにある内省的理性が前景に出た孤独な理性のあり方こそが機械論的世界観に対応する理性のあり方である。機械論的世界観の批判は、ただちに孤独な理性の批判となるのである。

本書は機械論的世界観とはなにかといった問いに答えていく中で、話が進んでいく。機械論的世界観のあり方が輪郭を帯びていく過程で否応なく、孤独な理性のあり方の輪郭が浮かび上がってくる。また、機械論的世界観こそが〈近代〉における世界観の様式であるならば、〈近代〉における理性の様式は、孤独な理性であることとなる。先に述べたように、機械論的世界観を批判する経過で機械論的世界観ではない世界観が見えてくる。それは同時に、内省的理性が前景に出た孤独な理性の批判を通じて、新たな理性の可能性が浮かび上がるのである。その際に、内省的理性と対比して考える公共的理性が鍵となる。

以上、本書の課題を確認し、近代、機械論的世界観、理性という三つの本書のキーワードのさしあたりの意味を確認した。では、以下に本書の概要を各章の内容を簡単に紹介することを通して見ていきたい。

本書の概要

第1章では、本書の学問としての立場である〈哲学〉と、その哲学が持ち得る役割としての〈批判〉について考えていく。人文学とは何かを自然科学との比較の中で考えていき（第1節）、人文学に位置付く哲学のあり方に迫っていきながら、内省的理性と公共的理性について概観を得る（第2節）。その中で、とくに人文学に共通する古典を重視するという姿勢のあり方となぜ古典を重視するのかという理由に迫っていく（第3節）。そして、とくに本書において強調しておきたい哲学的思考である〈批判〉の意義について論じる（第4節）。

第2章では、デカルトの哲学とその展開を確認することを通じて、本書の主要な概念である機械論についての理解を得ることを目的とする。デカルトの生きた時代を学問、社会の側面から概観を得て（第1節）、デカルトの哲学の核であるコギト原理と意識的な〈個〉について論じる（第2節）。そして、機械論的自然観について（第3節）、続いて機械論的人間観についてホッブズ、ラ・メトリの議論も紹介しながら論じる（第4節）。

第3章では、近代の代表的な規範理論である功利主義と義務論についての理解を得ることを目的とする。そもそも規範とはなにかということを確認しながら（第1節）、ベンサム、ミルの議論を紹介することで功利主義について、そしてカントの議論を紹介することで義務論について論じる（第2節）。これらの考察を踏まえて功利主義と義務論についての積極面（第3節）を、続いて消極面（第4節）について論じる。

第4章では、市場経済、ないしは市場経済社会について考える。まず、市場経済の前提となる私的所有、そしてそれによる社会的な〈個〉の成立について論ずる（第1節）。そして、市場経済、とくに資本主義的市場経済における人間のあり方を労働力商品と商品交換者という分析概念から考える（第2節）。それを踏まえて、人間が市場経済システムに取り込まれていく論理をたどる（第3節）。最後に、市場経済の積極面と消極面について考えていく（第4節）。

第5章では、市場経済と共に近代社会の両輪である国民国家と、その仕組みである近代官僚制について考えることを目的とする。ホッブズ、そしてロックの議論を踏まえて、統治機構としての国民国家のあり方を考察していく（第1節）。そして、国民国家を含めて、学校、刑務所、病院、工場の共通点を探りながら（第2節）、近代官僚制について考える（第3節）。そして、フーコーの生権力論を紹介しながら、近代特有の権力のあり方を考えていく（第4節）。

第6章では、本書において思想的課題として取り上げている格差問題と環境問題を考える。まず本書の主題である機械論的世界観をここまでの議論からまとめ（第1節）、ウォーラーステインの世界システム論の議論を通して、機械論的世界観が拡大、深化していく過程を追う（第2節）。以上の議論を踏まえて、機械論的世界観の拡大、深化の結果として、環境問題（第3節）と格差問題（第4節）があることを思想的に掘り下げる。

第7章では、第6章で確認した思想的課題を踏まえて、いかに機械論的世界観による世界ではない世界を拡大していくかについて考えていくために、市場経済と官僚制によらない社会領域を模索する。そのために、アーレント（第1節）、ハーバマス（第2節）、公共私論（第3節）と社会を俯瞰的に捉える議論を踏まえて、社会の見取り図を得る。そして、共同体と公共圏という市場経済と官僚制によらない社会領域を析出した（第4節）。

第8章では、ケアの「倫理」への批判を通して、機械論的人間観を脱する人間観を模索すると同時に、脱近代の正義のあり方を模索する。現代における代表的な正義論の論者であるロールズの議論を批判（第1節）し、ロールズ的な正義、あるいは倫理のあり方に批判を行っているケアの倫理の議論を検証する（第2節）。そして、ケアそのものの考察を踏まえて、ケアの「倫理」への批判を行う（第3節）。最後に、以上の議論を踏まえて、脱近代の正義への方向性を見出す（第4節）。

第9章では、現代のグローバル化した社会を踏まえて、機械論的世界観が拡大、深化を克服するためにはいかなる社会が求められるかを考える。ピケティの議論を踏まえて、グローバル公共圏の重要性を論じる（第1節）。カントの議論を踏まえて、グローバルな統治機構の重要性を論じ（第2節）、同時に現代社会では見出しにくくなっている市場経済と統治機構の緊張関係を確認する（第3節）。そして、本章で議論してきた公共圏・市場経済・統治機構の三者の関係を改めて考える（第4節）。

終章は、公共圏が適切に機能しうる脱近代の社会像を考察し、公共圏を適切に機能するためにはローカルな自治組織が求められることを主張する。まずハーバマスの市民社会論を批判的に検証し（第1節）、共同体、本章で論じるローカルな自治組織が将来社会には求められる理由を論ずる（第2節）。そして、脱近代の社会への契機となる自由時間について論じる（第3節）。最後に、脱近代の社会への道筋は、社会を構成するわれわれ自身で考え、作っていかねばならないことを論じる（第4節）。

本書を通じて、読者の皆さまが脱近代の社会を考えるきっかけに、そして本書が考えるうえでの素材を提供できれば幸いである。本書は私が脱近代の社会を考察した軌跡であるが、その軌跡を追いながら、読者の皆さまの考察の軌跡をつくり出していってもらいたい。

人間の本性にとって無関心ではあり得ないような対象に関する研究に対して無関心を装うとしても無駄である。

（カント）

第1章
批判的哲学のあり方

第1節　科学と人文学

スノーは、一九五八年にケンブリッジ大学における講演で以下のように述べている。

私の信ずるところでは、全西欧社会の人びとの知的生活はますます二つの極端なグループに分かれつつある。ここで私がいう知的生活とは、われわれの実生活の大部分を含むものである。（中略）この二つの極端なグループの一方には文学的知識人がいる。（中略）文学的知識人を一方の極として、他方の極には科学者、しかもその代表的な人物として物理学者がいる。そしてこの二つの間をお互いの無理解、ときには（若い人たちの間では）敵意と憎悪の溝が隔たっている。だが、もっとも大きいことは、お互いに理解しようとしないことだ。かれらはお互いに、相手にたいして奇妙な、ゆがんだイメージをもっている。*

これを読んでどう考えるだろうか。一九五九年のイギリスでの話として、「五〇年以上前のイギリスってそんな感じだったのか」と日本の文化に親しんだわれわれにとって外的な問題として放っておけるだろうか。

さしあたり、スノーの分類を科学と人文学として考えてみよう。一見二一世紀の日本に住んでいると科学と人文学の「敵意と憎悪の溝」で隔たれているような対立はないように思われる

チャールズ・パーシー・スノー（Charles Percy Snow：1905-1980）イギリスの物理学者であり、小説家。

*スノー（2011）5

かもしれない。いくつか科学と人文学の「敵意と憎悪の溝」で隔たれているような対立はないとする立場の私が想定する意見を見てみよう。第一に、もともと人文学に分類されている学問にも統計的な処理が求められ、もう人文学と科学という分類が意味をなさないのではないかという意見もあるだろう。第二に、科学の進歩によって人文学が対象とするような倫理や道徳といった事柄も科学によって説明できるようになったから、そういう意味では人文学は科学に包摂されるのだから対立など起きないという意見もあるだろう。第三に、社会科学の重要度が増している中で、人文学と科学の対立を再生産することになんの意味があるのかといった意見もあろう。第四に、現代社会に横たわる諸問題に対応するためには学際的研究が求められ、一定の成果を残していることを考えれば、人文学と科学の分類はあるにせよ、もはや対立する関係とは言えないのではないかという意見もあろう。

しかし、私はスノーの説くような対立は今なお強固にあると考える。それはしばしば、人文学が役に立つか役に立たないかといった論争がなされることからも明らかなように思われる。このような論争は科学と人文学そのものの対立ではなく、企業の論理によるものだとか、行政からの問題だとか思われるかもしれないが、論争の過熱ぶりを見ると必ずしもそうではないだろうと思われる。「理系はこうだ」、「文系ああだ」といったような言説は、高校生以上の方々であれば耳にしたことはあるだろうし、実際に口にした方もいるだろう。そういったかたちで、今なお科学と人文学の対立は再生産を繰り返している。引き続き、スノーは言う。

だが、われわれは思想や創造の核心でわれわれの最上の機会のいくつかを怠慢から逃している。二つのもの、二つの規律、二つの文化——二つの銀河系でさえ——のぶつかりあう点は、当然、創造の機会を作り出すであろう。精神活動の歴史においてある突破口が開かれたのは、まさにこの点だったのである。いまや、機会はそこにある。だが二つの文化についてはおたがいにぶつかりあい、話し合うことがないため、これらの機会はいってみたら真空の中にあるのだ。*

スノーのいうように、科学と人文学が無理解であることは、せっかくの機会を逃しているように考える。そのひとつの局面を考えてみよう。たとえば、科学者にとっても人文学による知識、すなわち人文知はきわめて重要である。ある科学者自身の研究が、社会においてどういう役割を担い、どういう影響が出るのかといったことを考え得るのは科学者自身の中にある人文知であって、科学による知識である科学知ではない。科学者の中にある人文知を忘却の彼方においてはならない。もっと大きくいえば、科学の可能性と限界を語りうるのは人文知である。人文知は、科学を相対化することができる。科学の中に閉じこもっていてはわからない視点を持つことができる。第4節とも関わるが、人文知は人間の営みそのものを相対化することができるのである。現代社会において科学がきわめて重要な役割を果たしていることは言うまでもないが、科学によってすべての問題が解決されるといった科学万能主義を許してしまっていることは、人文知の荒廃故であるように考える。そして「適切に遂行される科学は、人文学の敵ではなく、友となる」**のである。

科学者のみならず、現代社会において市民の中には人文知が息づいている。人間が市民たり

---

*スノー（2011）17–18

**ヌスバウム（2013）10

得るためには人文知が欠かせないからである。その人文知の蓄積と更新をたえず繰り返す人文学をわれわれの手で意識的に守り育てていかなければならない。人文知はきわめてか弱いのである。そういった人文知のあり方を第2節以降でより詳しく見ていきたい。

第2節　人文学と哲学

現代の自然科学を中心とした学問は、古代ギリシアに淵源をもつといってよいだろう。とくに神話的思考から合理的思考へといったかたちで学問の淵源が語られることが多い。それはしばしばミュトスからロゴスへといったかたちでも語られる。ロゴスとは、英語のロジックなどといった言葉の語源になっていることからもわかるように、論理、理性、言葉といった意味をもつ多義語である。したがって、合理的思考というのは、さしあたり理性に従って論理的に言葉で考えるといってさしつかえないだろう。タレス、デモクリトス、ヘラクレイトスといった自然哲学者たちによって、自然とはなにかを理性に従って論理的に言葉で考えるという姿勢が育まれた。

そこで登場したのが、ソクラテスである。「無知の知」という印象的なフレーズとあわせて記憶している方も多いことだろう。ソクラテスは、古代ギリシアの哲学者である。ソクラテスは一文字も残さなかったとされるので、ソクラテスの思想はプラトンやアリストテレスをはじめとした後の哲学者の文献から知ることができる。ここで、本書の全体を通しての文脈の中でソクラテスから理解しておきたいことが二点ある。

タレス（BC624頃-BC546頃）古代ギリシアの哲学者。古代ギリシアの記録に残る最初の哲学者である。

デモクリトス（BC460頃-BC370頃）古代ギリシアの哲学者。原子論の祖とされる。

ヘラクレイトス（BC540頃-BC480頃）古代ギリシアの哲学者。「万物は流転する」というテーゼで有名である。

ソクラテス（BC469頃-BC399）。古代ギリシアの哲学者。プラトンの師であり、ソクラテス自身は著作を残さなかったといわれる。ちなみにタレスの生誕からソクラテスの生誕まで約二五〇年が経過している。

第一に、人文学としての哲学の側面である。ソクラテスが哲学を「人間がいかに生きるか」や「人間とはなにか」を問う学問であるとした。人文学とは、humanities の訳語である。したがって、人文学は、人間性の学として理解できる。無論、人文学は、歴史、思想、文学など多岐にわたるが、その基底には人間性の学、「人間がいかに生きるか」や「人間とはなにか」という問いがあることは重要である。哲学も人文学として、「人間がいかに生きるか」や「人間とはなにか」を問う学問なのである。同時に、哲学が人文学という足場をもつ意義は、人文学は、民主主義の主体たる市民の教育にとって不可欠であることである。ヌスバウムは、以下のようにいう。

国益を追求するあまり、諸国家とその教育システムは、民主主義の存続に必要な技能を無頓着に放棄している。こうした傾向が続けばそのうち世界中の国々で、自らものを考え、伝統を批判し、他人の苦悩と達成の意味を理解できる成熟した市民ではなく、有用な機械のような世代が生み出されることになる。民主主義の将来が世界的に危ぶまれている。*

その「民主主義の存続に必要な技能を無頓着に放棄している」というところの「民主主義の存続に必要な技能」こそが人文学の叡知、すなわち人文知である。自然科学と社会科学が市民教育に不可欠であることは、ヌスバウムも否定しない。

マーサ・ヌスバウム（Martha Nussbaum：1947－）アメリカの哲学者、倫理学者。本書では、第9章第2節でも議論を紹介する。徳倫理の文脈でも注目されている。

*ヌスバウム（2013）4

自然科学や社会科学は理想的に実践される際には、人文学の精神と呼べるようなもの——するどい批判的精神、大胆な想像力、多種多様な人間にたいする共感的理解、そして私たちが生きる世界の複雑さの理解——に裏打ちされている。*

このように、自然科学と社会科学が人文学によって、裏打ちされることでより有効に実践されるとする。ソクラテスが、哲学を人間性の学として人文学としての性格を担わせたことが今後の学問の展開を踏まえても重要である。**

第二にそのときに議論を通じて行うことをソクラテス自らが規範となって示した点である。「無知の知」とあわせて考えてみよう。「無知の知」とは、大胆に言い換えれば、自らの無知を自覚することである。この自覚こそが他の誰ももっていない、「ソクラテス以上の知者はいない」というデルフォイの神託の含意であろう。この点をよく考えると自らの無知を自覚することは、無知であることを、自覚する自分の存在があるということである。こういった自らを反省的に捉える理性のことを、内省的理性ということができよう。同時に「人間がいかに生きるか」、そして「人間とはなにか」を問う学問である哲学を議論を通じて吟味しようとした。したがって、他者にひらかれた理性、すなわち公共的理性によってなされることを示しているように思われる。したがって、ソクラテスから、内省的理性と公共的理性とによって人間の合理的思考がなされると考えることができる。人間の理性は、内省的理性と公共的理性とによって考えることができるのである。同時に、古典と向き合うことによって、内省的理性を研ぎ澄まし、知を蓄積し、対話を通じて、知の更新をはかる。そういった人文学としての哲学の姿をソクラテスか

*ヌスバウム（2013）10

**人文学は、歴史にしても文学にしても思想にしても、今目の前にある世界以外の世界を見せてくれる。そのように考えれば、将来世界という目の前にある世界以外の世界を構想するうえで人文学は決定的な役割を果たす。人文学こそ、構想力や想像力を涵養する。

ら見て取ることができよう。

さらに哲学とはなにかを考えてみよう。アリストテレスは、以下のように述べている。

けだし、驚異することによって人間は、今日でもそうであるがあの最初の場合にもあのように、知恵を愛求し〔哲学し〕始めたのである。*

アリストテレスがいう哲学は、驚くことから始まるとする。日常のちょっとした驚き、驚嘆といった感情から学問の営為が始まるといってよいだろう。そして、哲学、ギリシア語でいうフィロソフィアはフィロスとソフィアという二つの単語からなっている。フィロスは愛する、ソフィアは知、知識である。したがって、先の引用にあるように、哲学とは、知を愛するということである。驚きからはじまって、なぜだと問うそういった営みが哲学なのである。哲学は、すべての人間にある知への衝動を含んでいる。したがって、内省的理性と公共的理性による知の蓄積と更新、そして驚きから始まる愛知の精神、そういったダイナミズムを哲学は備えているのである。決して、硬直的な体系性のみを哲学というわけではない。「驚く」ということができるすべての存在にひらかれているのである。デカルトは、以下のように述べている。

正しく判断し、真と偽を区別する能力、これこそ、ほんらい良識とか理性とか呼ばれているものだが、そういう能力がすべての人に生まれつき平等に具わってる。**

アリストテレス（BC384–BC322）古代ギリシアの哲学者。プラトンが主宰していたアカデメイアで学ぶ。「万学の祖」と呼ばれる。

*アリストテレス（1959）28〔上巻〕

ルネ・デカルト（René Descartes：1596–1650）フランス生まれの哲学者、数学者。第2章でデカルトの議論を主題として扱う。

**デカルト（1997）8
アリストテレスとデカルトの関係は、第2章第1節を参照のこと。

このようにアリストテレスが哲学をすべての存在にひらかれているとした態度は、アリストテレスの強力な批判者であるデカルトにも引き継がれている。

第3節　古典の重視

人文科学、あるいは人文学は、「古典」を読み解く知的な営みを基礎にしつつ、「古典」から得られた視点や考え方で現代社会の諸問題に取り組もうとする学問である。

ここでいう古典とはなんだろうか。古典はすべてのこれまで書かれた文献を指すわけではない。これまでの歴史上で書かれたすべての文献の中で、読み継がれている文献もあれば、忘れられてしまった文献もある。あるいは、忘れられつつあったが、掘り起こされた文献もあるだろう。ここでいう古典とは、これまでの歴史上で書かれたすべての文献の中で読み継がれている文献のことを指す。では、なぜこれまでの歴史上で書かれたすべての文献の中で読み継がれる文献とそうでない文献があるのだろうか。古典として読み継がれている文献は、そのときそのときの時代をその古典を読むことによって理解することができるのである。

プラトンは『ソクラテスの弁明』において、ソクラテスに以下のように語らせている。

> 好き友よ、アテナイ人でありながら、（中略）出来得る限り多量の蓄財や、また名聞や栄誉のことのみを念じて、かえって、知見や真理やまた自分の霊魂を出来得るかぎり善くすることなどについては、少しも気にかけず、心を用いもせぬことを、君は恥辱とは

プラトン（BC427-BC347）古代ギリシアの哲学者。ソクラテスの弟子である。プラトンの著作は、対話形式で書かれているのが特徴であり、その語り手をソクラテスに担わせていることが多い。したがって、プラトンの著作はプラトンの考えを知るだけでなく、テキストを残さなかったソクラテスの考えを知るうえでも重要である。

思わないのか。*

文章こそ硬いが、現代こそこの問題を語らなければならないのではなかろうか。お金を稼ぐことに執心し、われわれは人間として本来重要なことを見失っていないだろうか。古典を使って、そのときそのときの時代を理解する。古典を使って、そのときそのときの時代を理解するという営みをつづけることによって、古典を読み続けるという意味での知の蓄積が、その時代を理解するという意味での知の更新がなされていくのである。

古典となっている文献は、すべてその古典の著者がその時代と格闘した痕跡であるといえる。古典を読み解く場合、古典が書かれた時代、著者の問題意識を切り離して理解することは難しい。古典として残っている文献の著者が生きた時代、そしてその時代における問題に対する、その著者なりの考察が古典として残っているのである。たとえば、ソクラテス、プラトン、アリストテレスは、ギリシア的なものの退廃に対峙した結果の考察であっただろう。そういった時代性を帯びた文献が、なぜ古典として、時代を越えて読み継がれ、さまざまな時代の問題を捉えつづけているのか。アリストテレスは以下のように言っている。

(一般の若年者は) 情念によって生きているから、彼らに固有なもろもろの快楽や、こうした快楽を生ずべき事物を追い、これらに対立するもろもろの苦痛を避けるのであって、うるわしさとか真の意味における快とか不快とかについては想念をすら有していない。**

*プラトン (1927) 37

**アリストテレス (1973) 184〔下巻〕引用中の括弧書きは、筆者による。

第1章

若者が、欲求に正直で、本来すべきことをないがしろにしているといっているように思われる。こういった人間のあり方は、二〇〇〇年前と現在とでも変わっているようには思えないし、洋の東西を問わずあり得ることであろう。たとえば、アリストテレスの著作は、一二世紀に中世ヨーロッパに流入する前までは、イスラム世界で知の蓄積と更新がなされていた。アリストテレスの思想が地域横断的に読まれていた歴史こそが、日本人のわれわれであっても古典を共有できる可能性を明らかにしている。西洋で書かれ、読み継がれてきた古典だからといって、東洋人、日本人のわれわれから隔絶したものではない。それどころかわれわれの問題として受け入れることが可能である。これまで論じてきたような意味での哲学は、個別性、具体性をこえた普遍性を備えているのである。したがって、少々粗雑な表現をすれば、個々の時代に横たわる諸問題に対し、古典は、その諸問題とまったく同じ問題ではないにしろ、類題を考察しているといえる。そういった意味で、古典は、現代社会の諸問題を考える上でのヒントを与えてくれている。無論、古典の読み手は、その古典が書かれた時代と現代の相違点、著者の問題意識と読み手の問題意識の相違点に常に注意を払わなければならない。それ故に、古典に対する読み方は、時代によって変わり、読み方が変わることによって古典のあり方も変わっていく。そのときどきの読み方をすることによって、知の蓄積と更新がなされていくのである。*

それでもなお、西洋で書かれ、読み継がれてきた古典を現代の日本で読み、そういった古典をもって現代の日本社会を読み解くことにためらいがある方もいるかもしれないので、もう少し説明していこう。一八六八年を一つの画期として、日本は社会をあげてヨーロッパ的なものの摂取を行った。本書でたびたび登場する、国民国家、市場経済といった社会の制度、自分の

*したがって、古典を読みつなぐことが人文学の使命である。

ことは自分で決めるといった自己決定する〈個〉のあり方など、ヨーロッパ的なものを利用、活用してきた。たとえそれが表層的な受け入れであるとしたとしても、西洋の古典を読み解かなければ、あるいは西洋の古典を類題として現代社会を考えない限りは、日本の特殊性すら浮かび上がらない。むしろ、西洋の古典を読み解くことではじめて、日本社会に固有の問題を浮かび上がらせることができるのである。言い換えれば、日本固有の問題といったものを発見するためにも、われわれは西洋の古典を紐解かなければならないのである。くどいようだが、日本の特殊性を理解するためには、日本とその他の地域の共通性を探す必要がある。共通性が見えない限りは、特殊性など見えてこない。したがって、西洋によって具体化された社会の枠組みを利用、活用している現代社会において、さらにいえばグローバル化が進展している状況において、西洋の古典をないがしろにすることはできず、むしろ積極的に読み解くべきであろう。

第4節　批判の意義

本書の題名は、『機械論的世界観批判序説』となっている。機械論的世界観の意味内容については、序章で説明したとおりである。序説というのは、機械論的世界観の批判をこの本から改めて始めましょうという含意がある。そこで、題名に関してまだ説明していないのが「批判」の含意である。

本書において、批判は特別に強調しておきたい意味がある。批判という言葉で、どのようなイメージをもつだろうか。批判されたくないとか、むかつくから批判してやりたいとかそういったところだろうか。批判は、非難とは異なる。日本語の語感としてイメージされるような「非難」と直結するような意味ではない。ここでいう「批判」とは、カント、そしてマルクスが『資本論』の副題を「政治経済学批判」としたように仮象の暴露といった意味が哲学には引き継がれている。それはすなわち、性急に結論を出す前に、立ち止まって考え、対象に対して積極的な面と消極的な面をわけて考えることであると同時に、批判の対象を乗り越える視点をもつということである。理性が批判的であることで、われわれは対象にわけいって分析することが可能であるし、批判する対象の新たなあり方を構想することができるのである。

カントの著作に『純粋理性批判』がある。この著作において、カントは、理性的認識、すなわち、理性によってわれわれが世界を認識するとはどういうことかということを論じる、すなわち超越論的に論じることを通して、理性になにができて、なにができないかを考察した。ここでよく考えてみよう。カントは理性になにができて、なにができないかを考察したわけだが、その理性のあり方を考察したのは、カントの理性である。同時に、カントの著作を読んでわれわれの理性になにができて、なにができないかを考えるという追体験するのもわれわれの理性である。つまり、ここには認識する理性と、認識の対象となる理性とが同時に存在することになる。理性とは、人間の精神の能力である。人間の精神の能力である理性を、その外から見る。理性は人間の中にあるにもかかわらず、人間の理性を認識の対象とすることができる。したがって、理性は世界に内在しながら、世界を超越論的に認識することができる。このような理性のあり方は「無知の知」から導出された内省的理性に合致する。先ほど、自らの無知を自覚することは、無知である自らを、自覚する自分の存在があるということであるといったが、まさ

イマヌエル・カント
(Immanuel Kant：1724-1804）ドイツの哲学者。当時はプロイセン、現在はロシア連邦領カリーニングラードとなっている、ケーニヒスベルクに生まれる。本書では、本章に限らずたびたび登場する。

に認識の対象である〈無知である自ら〉を、認識の主体である〈自覚する自分〉が認識するのである。繰り返すようになるが、こういった自らを反省的に捉える理性のことを、内省的理性ということができようといった。内省的理性でもってわれわれは、批判をすることができるのである。

この積極面と消極面をわけるという批判という姿勢は、重要である。たとえば、機械論的世界観にしても、明晰判明な知のあり方を基礎付け、具体的には現代の物質的な豊かさを享受するなど積極的な面もあるはずである。格差問題や環境問題などの消極的な面が強調されがちであるが、積極面を踏まえた批判を行うべきであろう。

そして、もう一点強調しておきたいのは、批判することとは、視点を変えれば、批判する対象を乗り越える視点をもつことであるともいえる。その世界にありながら、その世界を超越論的に捉えることができる理性のあり方の、内省的ではないあり方がそこにはある。その世界ではない世界のあり方を捉えることができるということである。こういった異世界にひらかれた世界、他者にひらかれた理性を公共的理性と呼んだ。

したがって、批判には、単に対象を分析するだけでなく、同時に対象を乗り越えることも含まれる。その意味で、機械論的世界観の批判は、機械論的世界観ではない世界観を探求することに通ずる。機械論的世界観に矛盾があるのならば、よりよい世界観の探究を求めるべきだろう。よりよい別のあり方があるにもかかわらず、漫然と矛盾を抱えたあり方に拘りつづける必要はない。われわれは、矛盾を抱えているのであれば、よりよいあり方の探究をたえずつづけていくべきだろう。それは言葉を換えれば、たえずわれわれは変革しつづけていくべきだということになる。

　われわれはこの世界に生きているという意味で世界に内在している。自らの生きている世界にわれわれは内在しているといえる。われわれがわれわれの世界に生きていることを認識するのは内省的理性である。しかし、内省的理性だけでは、世界が閉じたものとなってしまい、硬直的なものとなってしまう。われわれの生きている世界をダイナミックなものにしていくためには、内省的理性だけではなく、異なる世界にひらかれた公共的理性も同時に求められるのである。世界を変革しつづけるためには理性は批判的でなければならない。理性が批判的でありつづけるためには、内省的理性と公共的理性という理性の両側面を同時に備えておかなければならないのである。しかし、現代社会は内省的理性が前景に出て、公共的理性が後景に退き、理性が孤独な理性に転化している。以下機械論的世界観の批判とともに理性のあり方を問うていくこととなる。

もともと人間の思想の根本的な問題は、ひとくちに言えば、第一に、世界がいかにあるかという問いと、第二に世界の中でわれわれはいかに生くべきかという問いとであります。

（野田又夫）

第2章 コギト原理と機械論的世界観

第1節　デカルトの生きた時代

人文学は、ラテン語のhumanitas《フマニタス》にその語源をもつ。フマニタスは人間らしさ、言い換えれば、自由な市民として身につけておくたしなみといった意味で理解されていた。そのフマニタスは、自由学芸として具体化される。自由学芸は、古代ギリシアに起源を求めることができるが、ローマ期に基盤が作られた基礎教育の体系である。一般に文法学、修辞学、弁証学*からなる三学と算術、幾何、天文、音楽からなる四科を併せた「自由七科」として知られている。自由学芸学部と神学部が中世ヨーロッパの大学の原形の基礎となる。今日の大学は、一二世紀からの中世ヨーロッパの大学にその淵源をもつ。中世ヨーロッパの大学は、中世都市のもつ〈都市の自由〉を基盤としていた。中世都市は、ヨーロッパのネットワークの拠点であり、さまざまな人の往来や物流の拠点であった。大学はそういったヨーロッパを往来する人びと、とくに知性を背景とした人びとが結びついたネットワークの結節点として出発し、「その組織の原理の根底に越境性、脱領域性を内包している」**。そういった〈移動の自由〉とともに〈大学の自由〉を支えたのが、〈思考の自由〉である。その〈思考の自由〉の根源には、アリストテレスがいた。一二世紀のヨーロッパでは、アリストテレスの「還流」という現象が起こっていた。

しかし、絶対主義的国家への流れによって、〈移動の自由〉が制限されていったことと、宗教改革の流れの中でキリスト教がプロテスタントとカトリックに分裂し、大学もその分裂の中で、〈思考の自由〉を失ってしまったことが相まって、〈大学の自由〉が失われていった。その

*あるいは、論理学。
**吉見（2011）26

結果として、知の拠点としての大学のあり方は失われていく。一五〇〇年前後にまさに中世ヨーロッパの大学で自由学芸を学んだコペルニクス以降、近代知を育んだ人物たちの伝記から徐々に大学という文字を見なくなることも偶然ではない。近代知は、大学の外で育まれていくこととなった。そのことは近代知が場所的な意味で中世ヨーロッパの大学の外で育まれていったことだけでなく、近代知が中世ヨーロッパの大学の知の根源にあったアリストテレスと対峙することをも意味する。フランシス・ベーコンが、アリストテレスの著作群である『オルガノン』に対抗して、『ノヴム・オルガヌム』、すなわち新しい『オルガノン』を著したこともその例として挙げられよう。しかし、その画期となるのはやはりデカルトであろう。

ちなみに知の拠点は、大学からアカデミーに移っていくこととなるが、デカルトはその過渡期に位置する。さらに大学の復興は、その後、カントとフンボルトによって基礎づけられた近代の大学を待つこととなる。

さて、本格的にデカルトの議論に入っていく前に、さきにも若干触れた一七世紀のヨーロッパをもう少し丁寧に見ていこう。科学哲学者として知られるトゥールミンは、その著書『近代とは何か』の中で、以下のように述べている。

（一七世紀の前半は）繁栄とも平穏とも程遠く、今では、この時代はヨーロッパ史全体でも、最も不安な時代であり、狂乱的な時代の一つでさえあったと見られている。*

しばしば近代は、豊かさからもたらされたようにいわれるが、目を覆いたくなるほどの混乱

ニコラウス・コペルニクス（Nicolaus Copernicus：1473-1543）ポーランド出身の天文学者として知られている。

フランシス・ベーコン（Francis Bacon：1561-1626）イングランドの哲学者。

ヴィルヘルム・フォン・フンボルト（Wilhelm von Humboldt：1767-1835）ドイツの言語学者。近代の大学のあり方を基礎づけた。

スティーヴン・トゥールミン（Stephen Toulmin：1922-2009）イギリス出身の哲学者。

*トゥールミン（2001）23 引用中の括弧書きは、筆者による。

ぶりであったようだ。その混乱の要因として、第一に小氷期とも言われるような気候条件が挙げられる。こういった気候条件の変化は、すぐさま農業生産の不安定化をもたらす。第二に西ヨーロッパの政治的、経済的、社会的な状況が挙げられる。一度は安定を見せていた宗教的な混乱も新教に寛容な立場を見せたフランス王・アンリ四世暗殺、そしてドイツ三十年戦争が勃発するなどの状況からより混迷を深めた。また、ペストの流行や、南アメリカ大陸からの金・銀の流入による価格の不安定化などもそういった混乱をより促進させたことと類推できる。こういった混乱は同時に、価値観の混乱を生み出す。戦争、飢餓、伝染病などにより誰もがいつ死ぬかわからない状況、目の前で多くの人間が亡くなっていく状況、さらには宗教改革によって昨日信じられていたことが、今日になって信じられなくなってしまう状況。そういった状況において、人間はなにを基盤として生きていくかといったことを見失う。これまでの価値観の相対化、価値観の多様化といってしまえば聞こえはよいが、共有される価値観の喪失は、社会の存立そのものを怪しくさせるだけでなく、われわれが生きる根拠そのものを怪しくさせる。一七世紀の社会の混乱は、社会の混乱という人間の外部だけでなく、われわれ人間の内部にも混乱を来すのである。*

しかし、一七世紀はただ混乱があっただけではなく、近代知の柱である科学知の萌芽が見られるという光も備えていた。コペルニクス、ケプラー、ガリレオ・ガリレイといった面々、そしてニュートン、ライプニッツへ連なる近代科学は、これまでの学問にはない明証性や厳密性を備えていた。デカルト本人も解析幾何学の創始者としてその大きな流れに参画しつつ、近代科学の基礎づけを行った。

---

*価値観の相対化、多様化は、価値相対主義に近づきうる。価値相対主義については、第3章第4節を参照のこと。

ヨハネス・ケプラー（Johannes Kepler：1571-1630）ドイツの天文学者。

ガリレオ・ガリレイ（Galileo Galilei：1564-1642）イタリアの天文学者。

アイザック・ニュートン（Isaac Newton：1643-1727）イングランドの自然哲学者。ライプニッツとともに微積分法を発明した。

ゴットフリート・ヴィルヘルム・ライプニッツ（Gottfried Wilhelm Leibniz：1646-1716）ドイツの哲学者。デカルト、スピノザとともに大陸合理論者に分類される。

したがって、デカルトは、一七世紀の社会の混乱を背景としつつ、学問においては中世ヨーロッパの大学知の中心にあったアリストテレス哲学への対抗、近代科学の基礎づけを生涯の仕事として担わなければならなかった。

第2節　コギト原理と意識的な〈個〉

以上のデカルトの生きた時代の社会と学問の状況を踏まえて、デカルトは以下のような問題意識を育んだといえる。第一に、価値観が混乱する中で、疑いのようのない「確実なこと」から哲学を構築する必要がある。第二に、近代科学の明証性や厳密性、すなわち明晰判明な知を目の前にして、数学を基礎とした哲学を構築する必要がある。デカルトは、懐疑主義が蔓延する時代状況の中でさえ、「疑う」ことから自らの哲学を始める。しかし、懐疑主義の懐疑とデカルトの懐疑は異なる。デカルトの懐疑は、あくまで疑いのようのない「確実なこと」を探究するための方法として、懐疑するのである。このデカルトのとった懐疑の姿勢を〈方法的懐疑〉という。

この方法的懐疑により、デカルトはある命題にたどり着く。その命題こそが「我思うゆえに我あり」である。この命題から引き出される原理を、コギト原理と呼ぶこととする。デカルトの思考を追体験してみよう。デカルトは、ときには突拍子もない想定を含みながら、すべてを疑ってみる。あくまで「確実なこと」を探究するための方法として、である。デカルトは、このように述べる。

わたしは、それまで自分の精神の中に入っていたすべては、ゆめの幻想と同じように真ではないと仮定しよう、と決めた。しかし、そのすぐ後で、次のことに気が付いた。すなわち、このようにすべてを偽と考えようとする間も、そう考えているこの私は、必然的に何ものかでなければならない。*

今まで確実にあると思っていたことのあれこれをひとつずつ夢だと考えてみよう。今、あなたは本書を読んでいるが、このことも夢かもしれない。今、あなたは本書を持っていて、本書の感覚を手を通じて得ているが、それも夢かもしれない。今あなたは32頁を読んでいて、次の頁は32頁から1足せばいいので、33頁であろうと考えられるが、それも夢かもしれない。と、ここまで来たところで、あることに気づくはずだ。今ざっと三つのことを疑ってみたが、その三つにあらわれた確実なことに。すなわち、今ざっと疑ってみた三つのことすべてに、疑うあなたが存在するということである。これがどんな疑いでも疑いえない「確実なこと」である。どんな疑いでも疑いえない「確実なこと」とは、疑うあなたが存在するということ、つまり考える私の存在である。ここで始めて、「確実なこと」から哲学を出発することが可能になった。私の存在が考えるということに力点が置かれていることを記憶に留めておきたい。もしかすると、すべてのことを疑ってみるならば、考える私の存在も疑い得るので、考える私の存在も確実とは言えないのではないかという疑問も浮かぶかもしれない。しかし、よく考えると、〈考える私の存在も確実とは言えないのではないかという疑問も浮かぶ〉あなたがそこには確かに存在する。そういった疑問を呈することで、より一層考える私の存在の確かさが強固になるば

*デカルト（1997）46

かりなのである。

　ここでわれわれは世界が二つに分割されたことに気づくはずである。すなわち、世界は、確実なこととされた考える私の存在とそれ以外に分割された。デカルトは、考える私の存在を主体とし、それ以外を客体とした。「我思うゆえに我あり」という命題から世界が主体と客体に分けられるのである。そして、その主体と客体は、それぞれ実体であるとされた。ここでいう実体とは、他のものに依存しないで、独立している存在を指す。したがって、主体である考える私は、他のものに依存しないで、独立している存在であるということになる。ここで考える私の独立性が浮かび上がる。言い換えれば、考える私のもつ、〈個〉的性格である。また、ここでデカルトが「発見」した、自らが考えていることを考えた存在、それを意識としよう。したがって、考える私は、意識的な〈個〉として規定することができる。そして、自らが考えていることを考えるという、自らの認識を反省する営み、すなわち反省的な営みから意識が導出されたこともここで確認しておきたい。

　一方の客体は、その本性がひろがり、すなわち延長として規定される。すなわち、客体は延長ある実体であるといえよう。延長ある実体である客体の具体的なあり方は、外的自然であり、身体としての内的自然である。ここでいう外的自然は、環境問題でまさに問題とされる環境としての自然である。一方で内的自然とは、われわれの身体である。したがって、環境としての自然とわれわれの身体は、延長ある実体とされるわけである。さて、ここでいう延長とはなにか。端的にいえば、ここでいう延長とは、数量として把握可能な対象であるということである。客体である身体、自然は、延長ある実体であるがゆえに、数量によって把握可能であるとする。

したがって、身体、自然を数学的に認識することが基礎づけられた。自然と身体が、数学的に把握可能であるということは、第3節、第4節でそれぞれ見ていくこととして、ここではこの世界を主体と客体にわけることによって派生して考えられる問題を紹介しておきたい。

デカルトの議論を派生して考えると、興味深いジレンマに陥ることになる。考える私の存在は確実であるとされ、それ以外は客体として延長ある実体とされた。したがって、客体には考えるという性質は認められていない。客体は単なる物体なのである。となると、毎日会話している他者は一体なんなのか。ただの物体か。そのはずはないと直ちに答えたくなる。家族、パートナー、友達を思い浮かべれば、ただの物体であるとは到底思えない。しかし、方法的懐疑によって、意識的な〈個〉の存在を確かめたその帰結として、他者は物体に過ぎないということになる。でも、やはり家族、パートナー、友達を物体であるということは受け入れがたい。他者問題と呼ばれるこのようなジレンマをデカルトの議論は内包している。

第3節　機械論的自然観

序論において、機械論的世界観は、自然観*、人間観、社会観**から構成されると論じた。後に機械論的世界観そのものに迫ることになるが、さしあたり自然観、人間観を個別に論じていく。第一に、機械論的自然観から説明していく。

世界観は世界に対する認識と態度にかかわる。それと同様に、自然観も自然に対する認識と態度にかかわる。したがって、自然観は、人間、あるいは社会が、自然をどう見るか、そして、

*自然観については、大倉（2009a, 2011）を参照のこと。

**社会観については、第6章を参照のこと。

自然をどう扱うかということにかかわる。機械論に対する差し当たりの定義は、対象を説明する場合、機械をメタファーとして、あるいはモデルとして説明する考え方であるといえる。したがって、機械論的自然観は、自然を機械をメタファーとして、あるいはモデルとして認識すると同時に、扱う自然観なのである。機械論的自然観のさしあたりの見方を得たところで、機械論についてもう少し詳細に見ていこう。

まずもって確認しておきたいことは、機械論的自然観において自然とは、デカルトのコギト原理による客体としての自然を指す。したがって、機械論的に把握される自然は、他のものに依存しないで、独立している存在であるという意味での実体としてあり、数量によって捉えられる。そして、その自然は機械をメタファーとして認識する。自然のメタファーとなる機械は、時代によって変わってきた。ときには風車、ときにはゼンマイ時計といったように、そしてときにはコンピューターといったようにである。ここでは、それらの機械を一般化して機械を、原子論を基礎にした決定論的な物理・化学的な諸法則による秩序として考えたい。「原子論とはなにか」、「決定論とはなにか」と立て続けに疑問がわくだろうが、ひとつずつ説明していこう。原子論とはアトミズムと呼ばれ、対象を原子、あるいはアトムに分けることによって説明可能であるとする立場である。ここでいう原子とは、それ以上分けることができないものであると理解できる。原子それ自体は物理的諸性質をもつことがなく、原子の形状、順序、位置などによって性質をもつようになる。原子が結合と分離によって、自然の生成変化と多様性は説明されるのである。したがって、原子論は、対象を要素にわけて、その単純な総合によって対象を理解することができるという要素還元主義のひとつの類型であると考えられる。一方、決

*その象徴として「ラプラスの魔」が知られている。

定論とは、ある契機から次の契機への直接的な因果関係である。ある事柄が起きた場合、必ずある事柄が起きるといった因果関係が世界を支配しているという世界観を決定論という。今、私がペンをパソコンの上で手放せば、必ずパソコンの上に落ちる。カレーの入った鍋を、ガスコンロで一定時間をこえても加熱しつづければ、必ずこげる。われわれはこういった決定論を当たり前のように自然法則として理解している。原子論と決定論をおさえたところであらためてまとめると、機械論的自然観は自然を実体として、数量化可能な存在だとし、アトムの決定論的な因果関係によって認識するのである。

以上が、機械論的自然観の認識にかかわる説明であったが、態度に関してはどうだろうか。機械論的自然観は、機械を人間が管理、支配、制御可能なように自然も管理、支配、制御可能だとする。われわれは、機械に対して、日々のメンテナンスをすることで管理し、機械に人間が使われるようなことはなく、機械を人間が支配、制御している。こういった機械に対する態度を自然にもするのである。たとえば、河川の流れをうまく管理、支配、制御できるようコンクリートの三面張りをしてきた。あるいはうまく津波を管理、支配、制御できるよう高い防潮堤をたてた。このようにわれわれは、自然に対してあたかも機械に接するかのような態度をとっている。

もうひとつ確認しておきたいことは、自然は数学的に把握することができる数量化可能な存在として捉えられるとした。しかし、自然のすべてを数量化可能なわけではない。数量化され得ないものは捨象される。捨象される代表的なものは、自然の固有の「価値」である。価値は自然からはぎ取られ、価値づけはもっぱら主体に委ねられる。どういうことかといえば、自然は価値をもたない、自然は主体である人間によって、価値づけされるのである。したがって、人間によって価値ある自然とそうでない自然が決まるのである。この論点は、第4章第1節で引き続き論じられることになる。

コギト原理からの流れで機械論的自然観を説明してきたが、機械論的世界観が近代の世界観であるのと同様に、機械論的自然観は近代の自然観である。近代の自然観が機械論的自然観であれば、前近代の自然観は目的論的自然観である。目的論的自然観は、アリストテレスによって定式化された。目的論的自然観は、自然を目的をもって有機的な生成や消滅を繰り返しながら全体として調和すると考える自然観である。目的論的自然観は、自然の現象が目的によって秩序立てられていると考える議論である。アリストテレスの目的論の説明は以下のようなものである。自然のすべてはそれぞれ目的をもち、調和的秩序をなすというものである。すべてのものは、可能態としてみずからのうちにふくむ目的の実現過程にあるとされた。たとえば、一軒の家を建てようとする場合を考えてみよう。家の設計図あるいはイメージが形相因、建材が質料因、そしてそれらにもとづく実際の作業が動力因に相当すると考えられる。この三つが不可欠な条件、あるいは契機となる。ところが、この三つの契機といっても、そもそも何のために家を建てるのかという目的、すなわち目的因がなければ無意味である。こういう意味で目的因こそが第一である。この自然現象を四つの原因によって説明する議論が四原因論である。このようにアリストテレスは、四原因論を展開し、目的因をその中心にすえて、自然を説明しようとした。それを一六・一七世紀の哲学者が、批判をしていくこととなる。

第4節　機械論的人間観

機械論的人間観を見ていく前に、そもそも人間をいかに捉えるべきかをアリストテレスの以下の説明を読み解くことから始めよう。

というのは人間はポリス的動物であるのみならず、オイコス的動物であり、また他の動物のごとくときに応じて接合するとか、偶然合ったオスとかメスに接合するとかいうのではなく、人間は自分ひとりで孤立的な生活を営む動物ではなくて、本性上親族関係の存するような人々と共同生活をする動物である。*

まずもって人間は、モノである。たとえば階段を踏み外して、階段を転げ落ちてしまうのはわれわれはモノであるからである。われわれはモノの論理から自由ではない。そういう意味で人間は物的存在である。しかし、それだけで人間を説明したことにはならない。同時に人間は、共同性、生命性、意識性をもつ。このことを考える場合、さきのアリストテレスの論述から考えることが有意義である。その場合、オイコスとポリスについて説明しておかねばならない。オイコスとポリスについては、第7章第1節において詳しく説明することになるので、ここでは端的に述べるに留めたい。ここでいうオイコスとは、象徴的には家族である。家族は、人間が共同生活をしていると同時に、人間の再生産の空間である。ここでいう再生産も多義的では

*アリストテレス（1968）308

あるが、家族でいえば、家族は一般に子どもをつくる空間であるとされるが、子どもをつくるとは社会的な文脈でいえば次世代をつくることである。人間は子どもを作ることによって、世代をつなげ、社会の再生産を繰り返してきた。こうした再生産は、人間の性にもとづいている。言い換えれば、人間の生命の次元にもとづいている。こういった人間の生物としての側面が生命性である。そうした意味で、人間は生命的存在である。同時に、家族でいえば血縁といったように、人間の同質性にもとづくつながりのことを共同性という。このようにアリストテレスのいうオイコス的動物とは、人間の生命性、共同性を指し示しており、言い換えれば、人間が生命的・共同的存在であることを指し示しているといえる。他方、ポリスは、家族のような同質性をもたない、異なる人間同士の空間である。ポリスでは考えることによって異なる人間同士がつながるのである。考えることは、人間の意識の作用である。したがって、アリストテレスのいうポリス的動物とは、人間の意識性を指し示しており、言い換えれば、人間が意識的存在であることを指し示しているといえる。それと同時に、人間が生命性にもとづくつながりだけではなく、詳細は後述することになるが*、公共圏のように意識性によってつながりをもつ存在であることを指し示している。

では、以上の理解を踏まえて、本節の主題である機械論的人間観の説明に入ろう。先ほど機械論に対する差し当たりの定義は、対象を説明する場合、機械をメタファーとして、あるいはモデルとして説明する考え方であるといえる。したがって、機械論的人間観は人間を、機械をメタファーとして、あるいはモデルとして認識すると同時に、扱う人間観なのである。先のアリストテレスの論述から導出した人間の規定から考えれば、機械論的人間観は、人間から共同

*第7章第4節を参照のこと。

的・生命的存在、意識的存在の側面を捨象し、人間をもっぱら物的存在として捉える立場である。機械論的人間観のもつ人間に対する態度で、例を二つあげておこう。第一に、臓器移植である。われわれは肝臓といったような臓器がなんらかの理由で不全の状況に陥ったときに、他者から臓器の提供を受け、臓器を移植することがある。生を永らえる重要な側面はありつつもこのことは、機械において、部品が壊れたときに、部品を交換する発想と同じではないだろうか。第二に、パワードスーツと呼ばれるような機械によって、われわれの身体的な機能を上げようとする技術である。パワードスーツを装着することによって、未装着の状態では持てなかった重い物体を持つことが可能となり、医療や介護といった現場で使用することが想定されている。しかし、このパワードスーツは、人間の身体的機能は、機械によって置き換えることができることが前提とされており、人間を機械と捉える機械論的人間観が背景としてあるとはいえないだろうか。

デカルトは、「私は、身体を、神の意図してわれわれにできる限り似るように形づくった土〈元素〉の像あるいは機械にほかならないと想定する」*とした。まさに人間が機械であることが明示されている。しかし、ここでわれわれはあることに気づくことになる。すなわち、デカルトは、心と身体をそれぞれ実体として分けた。身体は人間にとっての内的な自然であり、機械として考えられたとしても、心はそこから外されたはずだということに気づくはずだ。この引用を見るとたしかに「身体を」という一節が入っている。デカルトにとって、機械論的に把握できるのは身体に限られる。となると、心は機械論的な把握から外れることになり、機械論的人間観という言葉は少々大げさなのではないかという意見もあろう。それは正しい。デカルトは、

＊デカルト（1973）225

機械論的人間観という立場からすれば不徹底である。このような心と身体を実体として分ける考え方を心身二元論という。機械論的人間観の完成はホッブズ、ラ・メトリを待つこととなる。

ラ・メトリは『人間機械論』において、「人間はきわめて複雑な機械である」*と、ホッブズ同様に人間の身体のみならず、心をも機械論的に捉えようとした。ラ・メトリは、「人体は自らゼンマイを巻く機械であり、永久運動の生きた見本である」**とする。そして、脳においても同様に機械であるとする。「魂のすべての能力はかくのごとく脳の組織そのものならびに体全体に依拠しており、否あきらかにこの組織そのものにほかならない以上、これは誠に経験を積んだ機械というべきである」***、と。この見方は、ラ・メトリ以前にホッブズにおいてより具体的に論じられていた。

ホッブズは、哲学を正しい推理によって得られる「因果関係」についての知識であるとした。その推理について以下のようにいっている。

> 推理は、われわれの思考をしるしづけ、あらわすために同意された一般的諸名辞の連続の計算にほかならない。****

ここから理解できることは、哲学は推理によってもたらされ、その推理は、「一般的諸名辞の連続の計算」であるということである。言い換えれば、ホッブズは人間の理性的思考を計算とした。ホッブズの機械論的人間観は、推論をつかさどる人間の理性や、感覚、感情といった情念の領域まで機械論によって説明する。すなわち、デカルトの立場は心身二元論、ホッブズ

トマス・ホッブズ（Thomas Hobbes：1588-1679）イングランドの哲学者。

ラ・メトリ（La Mettrie：1709-1751）フランスの哲学者。フランス啓蒙主義の代表的な唯物論者である。

*ラ・メトリ（1957）47

**ラ・メトリ（1957）52

***ラ・メトリ（1957）92

****ホッブズ（1954）105〔第一分冊〕

の立場は唯物論（物質一元論）であるといえる。

専制主義といえども、個性がそこに存在しているかぎり、最悪の結果をもたらしはしない。そして、個性を押しつぶすものは、たとえそれがどのような名で呼ばれようと、またそれが神の意志ないし人々の命令を実行するのだと公言しようとも、すべて専制主義である。

（J・S・ミル）

第3章
近代の規範理論

第1節　三つの規範

本章の主題は、規範について考えることである。規範とは、行為や判断や評価を行う際の基準である。われわれはなんらかの行為をするとき、なんらかの判断をするとき、なんらかに対して評価をするとき、なにか理由があるはずである。その理由をたどっていくとある基準の存在に気づくこととなる。それが規範である。その規範は、いくつかに分類して考えることができる。さしあたり、本書では規範を法、道徳、倫理に分類して考えていきたい。まずは、法と道徳、そしてその両者の関係について考えたい。それを踏まえて、倫理、そして倫理と道徳の関係について考えていきたい。

現代社会において、想起しやすい規範は法であろう。法とは、権力を背景として法の適応範囲において人間の行為の基準として受容して公的に用いる規範のことを指す。たとえば、真夜中の誰も見ていない道路において、赤信号を確認し、横断歩道の手前で歩みを止めたとしよう。その場合の行為、あるいは判断の基準、すなわち規範は、法規範である。なぜ法を規範としなければならないのか、あるいは問い方を変えれば、なぜ法を守らなければならないのか、それは端的にいえば一方では法を遵守することによって社会の秩序が守られるからであり、他方で法の背景にある権力の存在ゆえである。われわれは社会の秩序を守るために法を遵守し、法をやぶる者に対しては権力が処罰を与える。しかしながら、権力が肥大化している現代社会において、後者の理由が前景に出ている。国民国家による法にしても、学校や会社といった組織による校則、学則、内規、規則などの法にしても、その背景には権力がある。ある側面、権力によって法を遵守することを強制されている。そういった意味では、われわれは権力から自由を奪われていることとなる。なぜわれわれから自由を奪っている権力が、承認されているのか。この問いに応えるのは、第5章まで待つこととなる。話を戻すと、法規範が規範として機能する背景には権力があると述べたが、そのように考えると法規範が効力を発揮するのは権力の視線が届いている場合にのみである。権力の視線が届かない場合には、法を規範として捉える必要はない。かといって、権力の視線が届かない場合に、われわれの規範がないかといえばそうではない。その場合の規範は、道徳である。

道徳とは、個人あるいは、共同体において人間の行為の基準として受容する規範のことを指す。なぜ道徳は規範と機能しているのであろうか。道徳は、個人であればその個人の生活史の中で育まれた規範であり、共同体であればその共同体の伝統の中で培われた規範である。共同体道徳を踏まえて、諸個人がその生活史の中で、培う規範、それが道徳である。したがって、道徳は、共同体、そして個人の生活史という二つの足場をもっていることになる。ところで、第2章で見たように個人は近代における人間の様式であった。したがって前近代において道徳は、共同体の規範としてあったといえる。そういった前近代においては、共同体の規範、あるいは宗教の規範が、法規範であり、道徳規範であった。したがって、法規範は、前近代においては道徳規範とは未分化な状態にあった。しかし、近代においては法の制定・運用の国家化が進むにつれ、道徳規範から法規範が分化するに至った。第5章で主題として扱うこととなるが、この道徳規範から法規範の分化、そして法規範の領域の拡大、深化によって、機械論的世界観の拡大、深化を見ていくこととなる。

最後に倫理である。倫理は、諸個人、諸共同体に普遍的に妥当する可能性を含んだ、人間の行為の基準として受容する規範を指す。道徳がそれぞれの共同体の文化的伝統の中でできあがったが故に人間に関して豊富な内容をもつのに対し、倫理は問題解決に必要なだけの最小限の規範としての性格をもつ。倫理を問わなければならない場面は、異なる価値観が存在している場面であり、それを意識性のひとつの様式である理性によって調停する場面である。ここで強調しておきたい問いが二つある。第一に、なぜ倫理が理性的でなければならないか。第二に、なぜ問題解決に必要なだけの最小限の規範でなければならないのか。以下、この二つの問いを考えてみたい。

第一に、なぜ倫理が理性的でなければならないか。それは、共同体をこえた規範であるからである。共同体は、固有の道徳を有している。現代社会においては、世界システム化*が進む中で、環境問題や格差問題を代表とするような共同体の圏域を超えた問題が数多くある。そういった問題は、複数の共同体をまたいで存在するがゆえに、多様な道徳が存在することとなる。そして、しばしばその多様な諸道徳同士が衝突する場面がある。そういった複数の道徳の調停を果たすのが倫理である。そのように考えるならば、倫理は、諸共同体が受容しうる規範でなければならない。したがって、倫理は、ひらかれた理性、すなわち公共的理性によって構築されなければならない。問題にかかわるすべての人間にひらかれた討議、議論を可能にする公共的理性が求められるのである。

第二に、なぜ問題解決に必要なだけの最小限の規範でなければならないのか。倫理は、諸共

*世界システムについては、第6章第2節を参照のこと。

同体が受容しうる規範であるがゆえに、普遍性を孕む。その普遍性ゆえに、その倫理が生まれた、道徳間の問題を離れて、適応されてしまう可能性がある。そのような具体的な問題から遊離した「倫理」は、ときに暴力として作用する。ときに、その共同体固有の道徳を破壊し、個人固有の道徳を破壊する。これらの道徳の破壊は、道徳の破壊に留まらず、道徳が、個人ならばその個人の生活史、共同体ならば共同体の伝統の上に成り立つがゆえに、その人間そのもの、人間の生きる場の破壊にいきつく。したがって、あくまで規範は、道徳を基本に考えるべきで、その道徳を補完する意味で倫理を考えるべきであろう。しかし、そのことは、普遍性をもった倫理の可能性を閉ざすものではない。人間に共通する最小限の規範は積極的に模索されなければならない。しかし、そういった倫理も文字通り普遍的にあるものではない。なぜなら、倫理は、具体的な問題から遊離することは許されないからである。常に、社会に存在する諸問題の解決を目指す過程において、討議、議論の空間の中で絶え間なくその倫理を確認し、あたかも普遍的にあるかのように思われる規範でなければならない。

第2節　功利主義と義務論

本節では、功利主義と義務論という近代の二つの代表的な規範理論を取り上げる。

utilitarianism すなわち、功利主義は、J・ベンサムとJ・S・ミルによって定式化された議論であるとされる。功利主義は一九世紀のイギリスで産声を上げた。一九世紀のイギリスは、一八世紀から始まった産業革命が進展をする中で、紡績業、そして製鉄業へと展開していった。

一八世紀に活躍したアダム・スミスによって資本主義が定式化され、一方でラッダイト運動などのようにそういった流れに反発する動きがありつつも、資本主義とそれを基調とする社会体制が作られてゆく。そして、一九世紀半ばにヴィクトリア女王が即位し、イギリス絶頂期の代名詞であるヴィクトリア時代が到来している。そのような社会の中で登場したのが、ベンサムであり、ミルであり、功利主義である。

ベンサムは、『道徳および立法の諸原理序説』において以下のように述べている。

自然は人間を苦痛と快楽という、二人の主権者の支配のもとにおいてきた。われわれが何をしなければならないかということを指示し、またわれわれが何をするであろうかということを決定するのは、ただ苦痛と快楽だけである。*

ベンサムがいうには、われわれの行為は苦痛と快楽によって支配されている。私なりに言い換えれば、われわれの行為は、行為の結果としての苦痛と快楽を基準に考えられる。そして、その快楽、苦痛が、数量として計算されるという。なぜ計算がなされなければならないかといえば、行為の選択を迫られている場合、どの行為を選択するかは、行為の結果の苦痛と快楽によって考えるため、どの行為の結果が、快楽が大きく、苦痛が小さいかということを比べなければならない。したがって、比べるには、快楽、苦痛が数量によってはかられなければならないことになるのである。

一方でミルは、『自由論』において以下のように述べている。

アダム・スミス（Adam Smith：1723-1790）スコットランド出身の経済学者・哲学者。主著は『国富論』。「経済学の父」と呼ばれる。

ジェレミー・ベンサム（Jeremy Bentham：1748-1832）イギリスの哲学者・倫理学者である。

ジョン・スチュアート・ミル（John Stuart Mill：1806-1873）イギリスの哲学者である。定常社会論を唱えていたことでも知られる。

*ベンサム（1968）81

私の見るところ、効用こそがあらゆる倫理的問題の最終的な基準なのである。ただし、それは成長しつづける存在である人間の恒久の利益にもとづいた、もっとも広い意味での効用でなければならない。*

効用が基準で行為の選択がなされるべきだという。ベンサムにおける快楽、苦痛が効用という言葉に置き換わっている。また、ミルによると、われわれは他者に危害を与えないかぎり自由は許される。そしてこの「他者に危害を与えないかぎり自由は許される」というルールを社会で共有することが大切であるとする。その主張は、ベンサムの立場と一見異なるように見える。ミルは、一つひとつの行為に対して効用が最大化するように求めるわけではない。ミルは他者危害原則というルールを社会で共有したほうが社会全体として効用が高まるだろうといっているのである。

ベンサムにしてもミルにしても、功利主義に共通して見られる三つの特徴がある。第一に帰結主義、第二に幸福主義、第三に総和最大化である。改めて説明しよう。功利主義は、行為の結果を判断の基準とする。端的にいえば、結果で考えるという姿勢が帰結主義である。第二に、行為の結果で判断するといった場合、行為の結果とは、苦痛であり、快楽であるという観点に帰結する。すなわち、「快楽」を判断の基準としようとすることが幸福主義である。第三に、総和最大化とは、行為の選択が複数ある場合、その行為にかかわる人びとの幸福の総和が最大化する選択をすべきだという考え方である。

そして、本書の文脈から強調しておきたいのは、功利主義が、イギリス経験論の流れにあり

*ミル（2012）32

ながらも、コギト原理が前提となっているということである。行為の結果の快楽を斟酌する主体の存在が前提とされているといえる。そしてそれだけでなく、功利主義は幸福を数量化することを志向しているといえることである。量的功利主義、質的功利主義に関わらず、幸福を客体と捉え、数量化可能な存在としているといえる。そして、この数量化されている快は、人間の共同／生命性、意識性にもとづくものであり、幸福を数量化するということは、人間の共同／生命性、意識性を数量化することにつながる。たとえばベンサムは、快が身体的な快、精神的な快、共同的な快に分類できるとする。

一方で、義務論はカントに代表される立場であるとされる。カントは主に一八世紀に活躍した哲学者であり、ベンサムやミルよりも若干早い。カントが終生暮らしたケーニヒスベルクは、イギリスよりも近代化は遅れていたと思われるが、大きな港町であり、さまざまな情報が行き交っていたと考えられている。カントの義務論の立場を端的に表しているのが、「君の意思の格律が、常に同時に普遍的立法の原理として妥当するように行為せよ」という命題である。あなたの行為の基準は、今のあなただけに適応可能な基準ではなく、普遍的に、すなわちいつでもだれでもどこでも適応可能な基準でなければならないとカントはいっている。

仮にうそはついてはならないという規範があるとしよう。カントによれば、どんなにその瞬間うそをついたほうがよさそうだと思ったとしても、うそはいつでもどこでもだれでもついてはならないわけだから、うそはつけないことになる。ここで立ち止まって考えてみよう。規範一般は、すべてが言語化されているわけでもなく、すべての人間で共有されているわけでもない。となれば、いくら普遍的な規範とするべく、一つひとつの行為を考えていても結局は、そのひとがどう考えるかがすべてという流れも成り立つ。そのように考えて、非常に大胆に解釈するならば、義務論は市場経済社会による人間の孤立化あるいは、孤独な理性の影響も相まって結局のところ通俗的には、「自分がされて嫌なことは、相手にはしない」という規範に落ち着くこととなる。そして、義務論もコギト原理が前提となっており、行為の主体がどう考えるかがすべてである。そして、行為の結果は道徳・倫理的価値評価に無関係だとする。

第3節　二つの規範理論の積極面

二つの規範理論の積極面は、前近代的な枠組みからの解放である。前近代から近代へ画期をなしたことこそが、義務論と功利主義の積極面である。この第3節では、その二つの規範理論の積極面を見ていくのだが、そのためにも前近代から近代への社会の変化をざっと確認していこう。前近代社会において自己決定の領域は極めて制限されているといってよい。

近代の特徴的な側面は、市場経済、市民社会、国民国家、科学・技術である。科学・技術に関しては、第2章第3節の機械論的自然観の箇所で確認したとおりである。本節で注目するのは、市民社会である。社会における近代化は、市場経済と国民国家の台頭をともないながら、共同体を破壊し、市民社会が成立する過程であるといえる。共同体とは、同質性を前提とした共同性にもとづくひととひとのつながり、そしてそのまとまりである。同質性が前提とされるため、抑圧や差別の温床となる。たとえば、地縁という同質性を前提とする共同性にもとづくまとまりがムラであろう。一方で市民社会は異質性を前提とした公共性にもとづくひととひとのつながり、そしてそのまとまりである。異質性が前提とされるため、孤立、孤独になりがちである。

注意が必要なのは、本章でいう共同体は、具体的にはそのままムラに言い換えることが可能なことである。今はもうなくなっているかもしれない、あるいは危機的な状況にある集落、自然村である。ここでいうムラは、地方公共団体の村ではない。しかし、本書の中で共同体は、意味が上書きされることとなる。したがって、共同体をムラとして捉えることはさしあたりの理解に留めておきたい。意味が上書きされるのは、第7章を待つこととなる。

また、市民社会も同様である。ここでいう市民社会は、市場経済社会を指す。土地から切り離された市民の社会である。土地から切り離されているがゆえに、生産手段を持たないためお金を稼いで生きる、つまり生活を市場経済に委ねている人びとの社会が市民社会のさしあたりの意味である。たとえば、ヘーゲルは『法の哲学』において社会を、家族、市民社会、国家の三つにわけて考えた。その場合の市民社会は、「欲望の体系」として規定されており、市場経済社会を想起させる。しかし、本書の中で市民社会も意味が上書きされることとなる。したがって、このような市民社会の意味はさしあたりの理解に留めておきたい。意味が上書きされるのは、終章を待つこととなる。

ここでのさしあたりの理解から、ムラとしての共同体を破壊し、市場経済社会としての市民社会が成立する過程を捉え直せば、ムラという強固な人間関係、そして土地と結びついていた人間が、強固な人間関係が解体され、そして土地と切り離されて生きていくような人間のありようの変化の過程として見ることもできる。このことは、共同体に属するゆえに、風土や慣習

ゲオルク・ヴィルヘルム・フリードリヒ・ヘーゲル
(Georg Wilhelm Friedrich Hegel : 1770-1831)
ドイツの哲学者。ドイツ観念論の代表的な論者の一人である。本書でたびたび言及のある『法の哲学』は一八二一年に公刊されている。

にもとづいた共同体的な道徳からの解放を意味する。すなわち、共同体的な道徳から解放されて、個人として自己決定を下していくことが求められていくのである。そのような自己決定のあり方を理論的に根拠づけたのが、功利主義と義務論であるといえる。第2節でも述べたように、功利主義、義務論ともに、コギト原理を前提としており、われわれに考えることを求めた。自分のことは自分で決めるといった意味で意識的な〈個〉のあり方が強調され、個人としての人間の様式、すなわち、近代の人間の様式を定式化したといえる。第2章でも強調したことではあるが、意識的な〈個〉は、実体としての意識を意味しているがゆえに、他のものに依存しないで、独立している存在としての〈個〉のあり方を前提としており、自己決定の可能性が大きく切り開かれた反面、共同体的なつながりを失うこととなるのである。

以上をまとめると、功利主義と義務論は、近代の市民社会の規範理論として位置づけられているが、両者はわれわれが主体、すなわち倫理的存在になることを基礎づけた点では、前近代に存在していた共同体的な道徳からわれわれを解放したといえる。自分のことは自分で決める、このことを功利主義と義務論が基礎づけたことは、この二つの規範理論の積極面と考えてよいだろう。

また、二つの規範理論が意識的な〈個〉を前提としているということは、諸個人、諸共同体に普遍的に妥当する可能性を含んだ、人間の行為の基準として受容する規範である倫理への可能性を切り開くことにもつながる。規範を考えることに積極的に結びつけたことがなによりも決定的であろう。言い換えれば、人間が公共的理性によって考えることによってつながり、議論することによって作り上げられていく脱近代の倫理を育む可能性を切り開いたのである。

第4節　二つの規範理論の消極面

以上の二つの規範理論の積極面を踏まえて、二つの規範理論の消極面について論じたいと思う。まずは、二つの規範理論が共通してもつ脆さを簡単に紹介し、その後、義務論、功利主義の消極面をそれぞれ考えていきたい。

そもそも道徳とは、個人あるいは、共同体において人間の行為の基準として受容する規範のことを指す。道徳は、個人であればその個人の生活史の中で育まれた規範であり、共同体であればその共同体の伝統の中で培われた規範である。共同体的な道徳を踏まえて、諸個人がその生活史の中で、培う規範、それが道徳である。第1節においてこのように説明した。二つの規範理論は、コギト原理で説明される実体としての意識的な〈個〉を前提としているため、共同体という道徳の足場のひとつを失うことになる。このことは、道徳自体の存在を危うくする可能性がある。この二つの規範理論が潜在的にもっていた可能性は、モラルハザード、モラル意識の欠如といったように現代社会に顕在化してしまっているように考えられる。もし道徳の欠如が問題であるならば、共同体という道徳の足場を回復する必要がある。ではどのように回復するか。昔のような共同体的な社会に戻るか。これらの問いは、第9章以降において考えていくことになる。

それでは、義務論の消極面について考えてみよう。それは端的にいえば、義務論の虚無主義的展開である。以下に説明していこう。義務論は市場経済社会による人間の孤立化も相まって

「自分がされて嫌なことは、相手にはしない」と解され、コギト原理にもとづく行為主体がどう考えるかがすべてである。ここで考えなければならないのは、自分がされて嫌なことがいつも相手がされて嫌なことであるとは限らないということである。自分がされて嫌なことでも、相手は別に嫌だとは思わないことはしばしば起こりうる。このように考えれば、自分がされて嫌なこと、してほしいこと、相手がされて嫌なこと、してほしいことがそれぞれ異なることになる。言い換えれば、価値はひとによって違うということである。この立場を価値相対主義という。したがって、義務論は価値相対主義に転化する可能性をもっている。価値相対主義とは、唯一の絶対的で普遍的な価値を目指す立場を否定し、価値が相対的でしかありえない、あるいはさまざまな真理がありうるとする立場である。一見、価値相対主義は、よいことのように思える。しかし、価値がすべて相対化され、価値がすべて共有できない状態になるとどうなってしまうだろうか。言うまでもなく、人間同士のまとまりがまったくなくなり、社会は存立不可能な状態になるだろう。そして究極的には、価値相対主義は虚無主義に陥る可能性すら孕んでいる。

虚無主義は、なにものにも価値はない、すべての価値が無価値になったとする立場である。すべての価値は相対的である。時と場合によって、あるいは人によって異なるとしてしまうと、そもそも価値なんてものはないんだという考えに滑ってしまうことは理解できよう。そして、そういった虚無主義的状況もすぐそこに来ているように思われる。社会で生きることに価値を見いだせず、引きこもってしまう人びと、そもそも生きることの価値が見いだせずに死にゆく多くの自殺者たちを考えれば、現代社会は、義務論が虚無主義的展開を見せている情況であるといえる。さらに懐疑主義が蔓延していた一七世紀のヨーロッパの状況に類似している。

では、他方の功利主義はどうであろうか。豊かさをキーワードにして考えていこう。豊かさといった場合、しばしば経済的な豊かさに還元されて説明される。GDP、すなわち国内総生産ということで豊かさが計られることが一般化していく中で、もはや効用や快楽といったこともGDPで計られるかのようである。そして、豊かさを経済的な豊かさに還元されて説明されることへの対抗言説として、ブータンがGNH、すなわち国民総幸福量という概念を提唱している。たしかに、豊かさについて経済的な指標だけでなく、幸福を複数の指標で考えようということには、一定の意義がある。しかし、GDPもGNHも功利主義批判の文脈から捉えれば、同じ枠内の議論であることが理解できる。ベンサムは、以下のようにいっている。

快楽とそして苦痛の回避ということは、立法者が考慮しなければならない目的である。したがって、立法者はその価値を理解しなければならない。快楽と苦痛とは、立法者が仕事をするための手段である。*

人間の快楽や苦痛、本節の文脈からいえば豊かさが、人間自身、あるいは社会において、仕事をするための手段、すなわち、管理、支配、制御可能な対象として捉えられるのである。この視点は、GDPもGNHも共通しており、功利主義に内包されている。

そもそもは、功利主義が快楽や苦痛、ないしは効用を客体化、数量化することを志向し、行為の結果として快楽や効用を最大化し、苦痛を最小化することを求める立場であるといえる。

---

*ベンサム（1968）113

とくに、快楽や苦痛といった人間の共同／生命性、意識性に根ざした感情・欲求を数量化し、管理、支配、制御できることが前提となっている。したがって、人間の意識的存在と共同的・生命的存在としての側面が捨象されている。それだけでなく、価値が人間に快楽や効用をもたらす有用性に一元化されてしまう。つまり、評価軸が役に立つか立たないか、あるいは、意味があるかないかといったことに還元されてしまうということである。ここで強調しておきたいのが、役に立つか立たないか、意味があるかないかで判断すること自体が問題なのではないということである。問題なのは、すべてを役に立つか立たないか、意味があるかないかで判断することである。

これまでのことをまとめると、義務論がなにものにも価値はない、すべての価値が無価値になったとする立場である虚無主義に行き着き、同時に、功利主義によって価値が有用性に一元化されることになる。言い換えると、義務論が価値のない世界を作り出し、同時に功利主義が有用性に一元化された世界を作り出すことになる。したがって、功利主義と義務論によって、虚無主義と有用性に一元化された価値が拮抗しながら存在している世界が作られていく。そうなると、究極的には、有用性、すなわち役に立つか立たないかという評価軸以外の評価軸を見出すことさえもできず、ただわれわれはひたすらに数量化できる範囲内で役に立つか立たないかという計算を繰り返す計算機械となってしまう。そのように考えると、計算機械となってしまう人間は、機械論的人間観によって説明される人間と同様であることが理解できよう。人間が機械として捉えられてしまうということは、人間が交換可能な存在となってしまうということである。ある数式があるとしてその計算は、ある一定の条件を満たしたコンピューターであればどれもこなすことができる。それと同様に、機械として捉えられてしまう人間は、交換可能な存在となってしまい、個々の人間のもつ唯一性は失われてしまう。そのように考えると、人間の唯一性とはなにか。言い換えれば、あなたがだれでもないあなたであることはどういうことなのだろうか。はたまた、そもそも人間の唯一性*とはただの思い込みであって、そもそも存在しないものなのだろうか。

*人間の唯一性については終章で再び考える。

資本主義的生産様式が支配的に行われている社会の富は、一つの「巨大な商品の集まり」として現われ、一つ一つの商品は、その富の基本形態として現われる。それゆえ。われわれの研究は商品の分析から始まる。

（マルクス）

第4章
労働力商品と商品交換者

第1節　私的所有と社会的な〈個〉

ロックによれば、そもそも人間は、プロパティ、すなわち生命・自由・財産を備えているという。人間は、生命をもっており、自由をもっており、財産をもっているという。ロックにおける人間の規定であるが、少し奇妙にうつらないだろうか。自らの生命は自らのもので、自由も備えている。そして、財産ももっている。ここである。生命や自由は、人間という概念から近い気がするが、財産は少々距離があるように感じる。しかし、この財産を読み解くことが本節においてはきわめて大切である。端的にいえば、ロックは、財産を所有する人間を考えていたのである。この財産について、詳細を見ていこう。ロックの主張は以下のようなものである。

自然と土地とは、それ自体としてはほとんど無価値な素材を供給するに過ぎない。*

さらに、

すべてのものに、価値の差異を与えるのは実に労働にほかならないからである。**

すなわち、人間が労働をし、生産することで出来上がったその生産物の価値は、材料である自然にあるのではなく、すべて労働によるものであるとロックは主張しているのである。以上

ジョン・ロック（John Locke：1632-1704）イングランドの哲学者である。イギリス経験論の祖とされる。『人間知性論』では認識論を展開している。

*ロック（1968）49

**ロック（1968）46

のように、もっぱら労働によって生産物の価値が付与されるという考え方は「労働価値説」と呼ばれる。この労働価値説は、第3章の自然は価値をもたない、自然は主体である人間によって価値づけされると論じたことと密接な関係がある。主体である人間が労働を通じて、客体である自然に価値づけを行うことから、労働価値説はコギト原理が背景にある。さらに労働価値説の背景には、機械論的自然観があることが理解できよう。なぜなら、機械論的自然観において自然は、価値が捨象されていたからである。繰り返すが、価値を担うのは、あくまで主体である人間である。価値がはぎ取られた自然に対して人間が労働をすることを通じて価値づけを行う。ここでの自然は、機械論的自然観によって捉えられる自然である。

　前近代においては、里山・里海などといった入会地*として共同体によって管理されていた自然があった。ここでいう共同体は、第3章で説明したムラとしての共同体だが、共同体はそもそもこうした里山・里海といった共有地と一体としてである。そして、その入会地は共同的所有とされた。しかし、労働価値説を前提にロックによって所有のあり方が共同的所有から私的所有に移ることとなった。この私的所有は、社会の様式を一変させた。これまでの共同的所有とされた所有物や土地は、徹底して排他的な私的な所有物、所有地となっていった。それまでみんなのものであった所有物や土地が、誰かのものになっていったのである。その誰かとは、国民国家、地方公共団体、法人、個人である。そして、誰かのものになっていった、すなわち私的な所有物、所有地を所有者がどう処分しようとその所有者の勝手だということになる。ロックのいう「法の許す範囲内で、自分の一身、行動、財産およびその全所有を処分し、このようにして、自分の思うままにふるまう自由」**がこの排他的なあり方を象徴的に示している。ここで、

*入会地はコモンズとも呼ばれる。第7章第4節を参照のこと。

**ロック（1968）60

この排他的な私的な所有物、所有地を、管理、処分する主体を浮かび上がらせることとなる。これが私的所有を担う、社会的な〈個〉である。そして、社会的な〈個〉を基礎にした社会関係が成立することとなる。

私的所有にもとづく社会的な〈個〉のあり方は、私的所有につながる労働をすることで市場経済社会としての市民社会のあり方につながる。近代初期において、高額納税者に選挙権が限定されていたことは私的所有物の過多によって参政権の有無が決まっていたことの証左でもある。もう少し掘り下げて考えたいのは、ある時期まで「普通選挙法」において「普通」であるにもかかわらず、参政権が男性に限られていたということである。近代において市場経済社会としての市民社会が拡大していくにつれて、家族のあり方も大きく変化した。その変化と、家族の近代家父長制の登場である。近代家父長制において、家長たる男性が私的所有につながる労働を独占することとなる。したがって、女性は、私的所有につながる労働から排除される。その私的所有につながる労働からの排除は、そのまま市場経済社会としての市民社会からの排除を意味する。その結果が、戦前に「普通選挙法」において「普通」であるにもかかわらず、参政権が男性に限られていたことにもつながるのではあるまいか。参政権の有無だけではなく、女性は近代に入って専業主婦が登場したことが象徴しているように私的所有につながる労働から排除されているがゆえに、家庭内に閉じこまざるをえないことになる。そのことは、女性が抑圧されることが、市場経済社会としての市民社会の中に問題として浮かび上がってこないことを意味した。私的所有者になりえる存在のみが市場経済社会としての市民社会に参加することが許されるのである。こういった傾向は、現代社会においても今なお根強い。障がい者などの私的所有につながる労働に携われない者の排除は今なお大きな問題でありつづけている。

ここで注目しておきたいのが、〈個〉が社会的にも、意識的にも作られていったということである。社会的な〈個〉の排他性、意識的な〈個〉の実体としてのあり方、どちらにしても人間の〈個〉的なあり方を浮かび上がらせている。この二つの〈個〉によってもたらされる人間の〈個〉的なあり方が近代における個人主義、すなわち近代個人主義である。したがって、近代個人主義は、誰にも依存しないで自分のことは自分で考えることによって決めるという自律した個人と、排他的な私的所有者としての個人とによって説明される。

第2節　労働力商品と商品交換者

さしあたり市場経済を、商品を生産し交換する仕組み、と規定することとする。その場合の商品とはなんだろうか。マルクスは、以下のようにいう。

商品は、まず第一に、外的対象であり、その諸属性によって人間のなんらかの種類の欲望を満足させるものである。*

ここで強調しておきたいのは、商品がわれわれにとって外的であるということである。この外的であるということは、さまざまに理解できるが、ここでは以下のように考える。具体的に考えてみよう。クリスマスシーズンに、短期アルバイトがあった。その短期アルバイトは、ク

カール・マルクス（Karl Marx：1818-1883）プロイセン出身の哲学者。主著『資本論』（第一巻）は、一八六七年に公刊されている。

*マルクス（1968）47

リスマスケーキにいちごをのせるというバイトだった。そのアルバイトをすることとなり、ひたすらクリスマスケーキにいちごをのせつづけた。そうやって完成されたクリスマスケーキは、商品であって、あなたのものではなく、家族のものでもなく、友達のものでもなく、だれかのものである。商品は、あなたあるいは、あなたの顔の見える範囲の人たちのものではなく、だれかのものとなる。したがって、商品はだれかのものであって、そういった意味において外的なのである。他方で、バイトを終えて、クリスマスに家族でケーキを作ったとする。そのできあがったケーキは、商品ではない。ケーキは、あなたのものであると同時に、家族のものである。決して外的なものではない。もう少し例を続けよう。せっかく作ったケーキが余ってしまったとする。その余ってしまったケーキをお隣にお裾分けすることにした。そういえば、この間旅行に行ったときに、飼い犬のお世話をお隣にお願いしていたことを思い出したのだ。この場合、犬のお世話のお礼として、ケーキをお裾分けしたこととなる。こういった交換様式は、市場経済における商品交換とは異なる。

前近代社会においては、交換の場が共同体と共同体の間に限定されていた。

商品交換は、共同体の果てるところで、共同体が他の共同体またはその成員と接触する点で、始まる。*

したがって、商品交換自体は、決して新しいものではない。共同体と共同体の間に限られていたとしても、商品交換は前近代からあった。では、前近代と近代の画期はなにか。それは、

*マルクス（1968）118

カール・ポランニーの「人間と自然の商品化」ということになる。「人間と自然の商品化」によって、市場経済社会が到来することになる。ここでは、人間の商品化に注目して議論をつづけることとする。

市場経済社会において、人間は一方で労働力商品として、他方で商品交換者として存在する。われわれは市場経済社会において、生産手段をもたない。とくに、なにかを材料からつくってご飯を食べるということができない。すべて買っている。言い換えれば、貨幣という商品と材料、調理器具という商品を交換している。カレーをつくるにしても、じゃがいも、にんじんといった材料はもちろん、カレーを作るための鍋、スプーン、お皿、すべてを貨幣という商品と商品交換を通じて入手しなければならない。思えば、われわれの住まい、あるいは土地、建物、すべて貨幣という商品と商品交換をすることを通じて私的に所有している。そういう意味で、われわれは市場経済社会において、まず商品を交換する、商品交換者として存在する。

では、商品とことごとく交換していった商品としての貨幣はどのように入手したのだろうか。それは、働くことによってである。ここでいう働くとは、第1節において私的所有につながるような労働といっていた労働であり、市場経済社会における労働である。すなわち、労働力商品として労働することである。われわれは自らを労働力商品として市場経済に売り渡すことの見返りとして商品としての貨幣を受け取っている。ここでも商品交換がなされているのである。これが人間の商品化である。人間は自らを自らにとって外的な商品としなければ生きていけない。そして自らが商品化することで手に入れた貨幣という商品をさまざまな商品と交換しなければ生きていけないのである。市場経済社会においては、人間は一方で労働力商品として、他

カール・ポランニー（Karl Polanyi：1886-1964）ウィーン生まれブダペスト育ちの経済学者。

方で商品交換者として存在するのである。言い換えるならば、市場経済社会において人間は労働者であると同時に、消費者であるのだ。

人間は、商品である労働力の所有者である一方で、労働力商品そのものである。そういった意味でわれわれは、市場経済に「商品」として組み込まれている。この商品として扱われることは近代における人間のあり方を考える場合に、決定的な意味をもつ。労働力商品を交換する労働市場の中では、人間そのものではなく、人間をSache（ザッヘ）、すなわち物象として見る。この物象と訳されるドイツ語のザッヘは、ときに物件とも訳される。物件といえば、なにかを思い出すのではないだろうか。不動産の物件である。不動産屋の前を通りかかると、住所や間取り、家賃などの情報が記載された物件表が目につく。あの物件表に似たものが、市場経済社会における人間にもある。履歴書である。われわれは履歴書でもって、人間を物件、物象として見るのである。履歴書によって、商品としての交換価値が決まる。そこには、交換可能な労働力商品として扱われる人間が存在するだけである。人間が商品として、モノとして扱われてしまう。こういった傾向を物象化という。物象化とは、人間と人間の関係が、モノとモノとの関係、すなわちモノの論理による関係になり、〈人間同士のつながり〉がなくなるのである。

人間がモノとして扱われることから敷衍して考えられることの中で、ここで強調しておきたいことがある。労働は人間の意識的存在と共同的・生命的存在としての二つの側面に依存しており、人間の労働力商品化とは、人間の意識的存在と共同的・生命的存在の商品化である。人間の考えること、共同的であること、生きていること、それらがすべてモノ化されてしまう。人間がモノとして扱われることを言い換えれば、人間が物的存在に縮減されることになる。したがって、次節において詳しく説明することになるが、物象化の延長には、ラ・メトリやホッブズの議論とは違った次元で人間が機械論的人間観によって捉えられる人間になってしまうことを意味するのである。

それだけではない。人間は、市場経済社会において労働力商品であると同時に、商品交換者であった。人間は商品交換者としてもモノの論理によって制御されている。マルクスはいう。

交換者たち自身の社会的運動が彼らにとっては諸物象の運動の形態を持つものであって、彼らはこの運動を制御するのではなく、これによって制御される。*

このように人間は、市場経済社会において、労働力商品としても商品交換者としてもモノとして扱われることを意味し、人間が機械論的人間観によって捉えられる人間になってしまうのである。

第3節　市場経済の「自立」

繰り返すが、現代社会において、人間は生産手段を奪われてしまっており、市場経済に組み込まれないと生きていくことができない。どれだけ貧しい者であっても、そしてどれだけ豊かな者であっても、である。

さきほど、商品交換者が〈諸物象の運動〉、すなわちモノの論理よって制御されると説明した。

*マルクス（1968）101

同時に、労働力商品としてモノとして扱われると説明した。このことを手段・目的関係で説明すると、商品交換者としては〈諸物象の運動〉の手段となり、労働力商品としても同様に手段となってしまう。つまり、市場経済社会において、われわれ人間は手段となってしまうのである。では、その場合の目的とはなにか。誰の、なんの目的なのか。それは、市場経済という諸物象の運動そのものである。そして、市場経済社会における諸物象の運動と人間の関係が、目的・手段関係へ置き換わっていくことが全面的に展開されると、人間が拡大再生産をつづける市場経済の手段でしかなくなってしまう。社会においての主体は人間ではなく、機械論的なモノの論理によって駆動する市場経済システムの成立、すなわち市場経済の「自立」という事態になってしまってしまうのである。

さらには、市場経済システムが機械論的なモノの論理で駆動するがゆえに、市場経済システムが「自然な」ものとなってしまい、このシステムは変えられないものであると「錯覚」してしまう。この市場経済システムが変えられないと「錯覚」してしまうことこそ、われわれが自覚しなければならないことである。しばしば経済成長のみがわれわれの唯一の選択肢であって、“There is no alternative.”すなわち「他の道はない」と、思わせられがちだが、そうではない。ここでこそわれわれの理性の批判的なあり方を強く発揮しなければならない。

市場経済の「自立」は、経済合理性に従って社会が動くがゆえに、人間に経済合理性によって受動的に計算することのみを強いる。これはまさにホッブズが論じたような機械論的人間観そのものの人間像がそこにはある。同時に、計算という誰でもできることをやっていると同時に、計算は機械でも可能であるがゆえに、生きている実感が見出しづらい。

こういった市場経済の「自立」は、人間同士の関係を変容させ、それは人間の理性のあり方を変容させる。マルクスは以下のようにいう。

相互にたいし、無関心な諸個人の相互的で全面的な依存性が、彼らの社会的連関を形成する。*

市場経済社会において、人間同士のつながりは、お互いに対して無関心な個人同士の関係となってしまう。そして、お互いに対して無関心な個人は、「物象的依存性のうえにきずかれた人格的独立性」**を帯びることとなる。第1節において、私的所有によって社会的な〈個〉を基礎にした社会関係が成立すると述べたが、市場経済の「自立」によってそれが完遂され、純化されることになる。すなわち、人間が労働力「商品」として市場経済下において扱われることによって生ずる価値関係により、「物象的依存性のうえにきずかれた人格的独立性」を帯びた個人が生成されるという、価値関係の中での個人である。社会的な〈個〉、すなわち社会的に作られた独立性を帯びた〈個〉が作られることになるのである。

このように市場経済は、人間同士のつながりをたちきり、ばらばらな個人としての人間を作り出していく。ムラとしての共同体を破壊し、ご近所といった関係も破壊するのみならず、新たな市民的連帯を形成することをも阻害する要因として考えられる。このように、ばらばらにされた個人の集まりとしての社会がつくられていく。言い換えれば、個人を要素としてその要素としての個人の集合として社会が理解されることとなる。つまり、市場経済社会は、機械論

*マルクス（1981）138

**マルクス（1981）138

的社会観からみた社会であることがわかる。

他方で物象化によって、人間と人間の関係が、モノとモノとの関係になることで、モノとして扱われ、人間が機械論的人間観によって捉えられる人間になってしまうと説明したが、事態はそれだけに留まらない。人間が理性的な関係をもてないばかりか、過度に内省的になる。人間を孤立化させる物象化は、公共的理性を後景に退け、内省的理性を前景に引き出す。同時に、思い出されるのがコギト原理である。コギト原理によって導出した理性こそが内省的理性であるといえる。なぜなら、自らを自らで疑うこと、コギト原理はそういった過程によって見出された。まさに自らを自らで反省する、すなわち内省によって見出されたのである。第1節において、社会的な〈個〉の排他性、意識的な〈個〉の実体としてのあり方という、二つの〈個〉によってもたらされる人間の〈個〉的なあり方が近代における個人主義、すなわち近代個人主義であるとしたが、近代個人主義の理性のあり方が内省的理性が前景にある孤独な理性であることも確認されよう。まとめると、近代個人主義という近代における人間の規定は、意識的に、そして社会的に作られ、意識的にも社会的にも個人の独立性が強調される。同時に、その理性のあり方は、公共的理性のあり方が後景に退き、内省的理性が前景に出てくる結果、孤独な理性が際立つことになる。自律した個人、西洋的個人だとか言われる文脈での理性への不信は、孤独な理性への不信であって、理性そのものへの不信ではないのかもしれない。

公共的理性が後景に退き、内省的理性が前景に出て、理性が孤独な理性に転化し、孤独な理性は、共感などといった感性や他者とのかかわりが欠如しているがゆえに利己主義として表出する。その利己主義は、一方で引きこもり現象として、他方で既成のイデオロギーの再生産として現前に現れる。

第4節　資本主義的市場経済の積極面と消極面

本節は、市場経済の積極面と消極面について考えてみたい。これまでもその文脈に応じて論じてきたが、改めてまとめておこう。市場経済を擁護するにも消極面について考えなければならないだろうし、市場経済に否定的であろうとその積極面に目配せをしなければならないだろう。市場経済の積極面は、三点に分けて考えることができる。第一に職業選択などの選択の自由の拡大、第二に私的所有による社会における個人概念の登場、第三に合理性、とくに経済合理性に社会が動くことである。以下、順に考えてみたい。

第一に、選択の自由の拡大である。われわれは近代において、居住の自由や職業の自由*を備えているが、これは市場経済のもたらした自由であるといえる。人間は、土地から切り離されてしまった。それはある特定の場所で住まなければならないという足かせを外されたと考えることもできる。むしろ、そういった発想で、まさに自由に農村から都市に出てきた人びともいるだろう。われわれが自らを労働力商品として市場に売り渡すことができれば、場所は問われない。同時に、われわれが労働力商品になるということは、どの労働力商品になれるかを選択することができることを意味する。あるひとりの子どもが医者や看護師になるべく頑張り、あるいは花屋や農家になるべく頑張ることも可能である。まだジェンダーの壁が、職業選択の自由を妨げている例もあるが、職業選択の自由が拡大していることは確かであろう。

*職業選択の自由については、第6章第2節、第3節における自由な労働と対応している。しかし、自由な労働は、労働力商品としての労働であることは忘れてはならない。

第二に、私的所有による社会における個人概念の登場もやはり強調しておく必要があるだろう。無論、自分のことは自分で決めるという意味での自己決定は近代の二つの規範理論、ひいてはコギト原理によると考えられるが、それが社会的な文脈の中ではやはり私的所有が社会的な基礎を与えたというべきであろう。また、先の選択の自由の拡大も同様に考えることができるが、私的所有を権利として公的に承認する国民国家のあり方も見逃すことができないだろう。われわれの権利を保障する意味での国民国家のあり方も見いだせる。市場経済は、自由や権利を保障する国民国家を必要としているといえよう。

第三に、合理性、とくに経済合理性にしたがって社会が動くことが挙げられる。市場経済社会においては、社会が合理的に動いていく。一定のリテラシーを備えれば、さまざまな経済指標は、社会の動きを合理的に理解する助けになる。*さらにそういった情報が、市場経済によって出回っていく。出版が市場経済の端緒を切り開いたという議論もある。無論、社会の動きを合理的に捉えられたとしてもそれはすぐさまこれからの社会の方向性が示されるわけではなく、社会の方向性を考えるうえではわれわれが個々に考え、議論を重ねて合意されることとなる。その場合に、社会の動きが合理的に捉えられることは重要である。なぜならば、誰もがその議論に参加する可能性を担保しているからである。これからの社会を考えることが一部の特権的な超越者たちに独占されていたのが、その独占を解体し、これからの社会を考えることに誰でも参加できるのである。つまり、民主主義が育まれる土壌ができあがったのである。しかしながら、大衆社会のあり方などを踏まえれば、市場経済社会おいて民主主義が適切に機能しうるか否かについては考えていかなければならない。

*第9章第1節を参照のこと。

市場経済の消極面も、三点に分けて考えることができる。第一に物象化、人間の物的存在化、第二に市場経済による環境問題、第三に市場経済社会における格差問題である。

第一に、物象化、人間の物的存在化である。物象化については、第2節、第3節で集中的に論じたが、十分に論じられていないことをここで説明しておきたい。それは、市場経済社会において人間関係の替えが利くということである。替えが利くということは、誰とでも交換可能であるということである。医師免許という公的に認められた免許さえあれば、病院で働く医師は誰でもよい。どの会社でもある人が辞めたら、誰かが補充され、ある一定の期間がたてば、ある人が辞めてしまったことなど仕事をするうえでは忘却の彼方であるまいか。公立の学校でも先生は数年たてば異動していく。しかし、毎年先生たちが異動を繰り返していても学校は例年通り動いていく。したがって、これまで述べてきたように、われわれは合理的な計算を繰り返していくことが求められており、誰とでも交換が可能なのである。そういった誰でもできることを日々やることに本質的なやりがいを感じられるだろうか。ひいては、生きがいを見出すことができるだろうか。われわれは「人材」という、まさに人間を「材」と捉えている言葉に慣れきっていることも人間を物的存在として捉えている証拠であろう。どんな支配もその支配を内面化することによって完遂するのである。

第二に、市場経済による環境問題である。市場経済においては、労働価値説を前提に自然は無価値なものとされ、自然を何の道徳的障壁もなく破壊してきた。その結果が現代社会における環境問題として露呈している。自然を破壊してはじめて、われわれは自然にも限界があることがわかった。自然は有限だったのである。したがって、環境問題は、環境の問題ではなく、あくまでも人間の問題であり、社会の問題である。われわれが自然に優しくしようとしたところで、われわれは自然を破壊する市場経済社会に組み込まれて生きているがゆえに、自然を破壊しながら生活せざるを得ない。無論、自然を大切にしようと日々努力することも重要だが、環境問題は市場経済社会の問題であることを意識し、その変革の方向を考えることも重要である。

第三に、市場経済社会における格差問題である。この格差問題は、貧富の格差、男女の格差、地域の格差、能力の格差など諸相ある。究極的には、市場経済社会において、私的所有のあり方が決定的である。私的所有の前提となる、労働力商品になることができるかどうかで、社会に参加できるかどうかが決まるといってよい。先にもごく簡単に触れたが、障がい者など能力的な原因で、労働力商品として働くことができず、社会から排除されてしまうことも市場経済がもたらす大きな問題である。同時に、高齢者の貧困層も[*]、年齢的な理由で労働力商品として働くことができず、社会から排除されてしまう。後者の問題はこれからより一層大きな問題として立ち上がってくるように考える。こういった社会に参加できない人びとの声なき声をどう社会に反映していくかも同時に考えなければならないだろう。

言うまでもなく、市場経済の積極面と消極面は、表裏一体であり、コインの裏表である。どちらかを残してどちらを削るといったことが簡単にできる対象ではないことは明らかである。しかし、そこで思考停止してしまうわけにはいかない。

---

*大倉（2014b）を参照のこと。

今日の資本主義的経済組織は規制の巨大な秩序界であって、個々人は生まれながらにしてその中に入り込むのだし、個々人にとっては事実上、その中で生きねばならぬ変革しがたい鉄の檻として与えられているものなのだ。

（ヴェーバー）

第5章
国民国家と官僚制

第1節　国民国家と社会契約論

近代における社会の様式のひとつが国民国家である。現代社会における国家のあり方は、国民国家であり、その理論的な支柱が社会契約論である。したがって、社会契約論の諸相を見ていく中で、国民国家のありようを見ていくこととしよう。

社会契約論は自由を確保する手段としての国家の成立を個人間の相互契約に求め、それによって国家の正統性を説明する理論である。契約主体の存在は社会的な〈個〉が前提とされている。それまでは、たとえば王様といった特定の超越的な権力による支配の対象であった民衆が、国民国家の成立をもって政治主体としての国民へと変容する。社会契約論の諸相をホッブズ、ロックの議論を通して見ていこう。

ホッブズが想定する自然状態では、人間は絶えず自己保存の危機にさらされる。そこで自己保存の手段としての国家の成立が求められる。そのプロセスを丁寧に追っていこう。ホッブズは、われわれは国家のない状態でも権利をもっているという。現在の国民国家の体制が所与であるわれわれにとって、権利とは国民国家をはじめとした統治機構によって与えられるものと考えがちだが、そうではない。その権利は、自然権とよばれる。ホッブズにおける自然権は、「各人が、かれ自身の自然すなわちかれ自身の生命を維持するために、かれ自身の意志するとおりに、かれ自身の力を使用することについて、各人がもっている自由」*である。すなわち、ホッブズにおける自然権は、自己保存のために自らの意志にしたがって行為する権利であるといえ

---

*ホッブズ（1954）216〔第一分冊〕

る。しかし、自然権にもとづいて、各々が自由を行使すると、「人間の状態は各々の各々に対する戦争」*の状態になってしまうのである。

人びとが、かれらすべてを威圧しておく共通の権力なしに生活しているときには、かれらは戦争とよばれる状態にあり、そういう戦争は、各人の各人に対する戦争である。**

共通の権力がなければ、われわれは戦争の状態になってしまうのである。よく知られた「万人の万人に対する闘争」といった状態である。しかし、戦争の状態に関しては、血なまぐさい状態を必ずしも意味しない。ホッブズは以下のようにいう。

すなわち、戦争は、たんに戦闘あるいは闘争行為にあるのではなく、戦闘によって争おうという意志が十分に知られている一連の時間にある。***

戦争の状態は、殴り殴られといった闘争行為が繰り広げられている状態ではない。表面的には平穏に思えようといつ闘争行為が繰り広げられるかわからないという不安が蔓延している状態であるといえる。そういった状態を脱するには、権力を作り出すことである。

かれらを外国人の侵入や相互の侵害から防衛し、それによってかれらの安全を保証して、かれらが自己の勤労と土地の産物によって自己をやしない、満足して生活できるように

*ホッブズ（1954）210〔第一分冊〕

**右に同じ

***ホッブズ（1954）210〔第一分冊〕

するという、このような権力を樹立するための、ただひとつの道はかれらのすべての権力と強さとを、ひとりの人間に与え、または多数意見によってすべての意志をひとつ意志とすることができるような、人びとのひとつの合議体に与えることである。*

しばしばホッブズは絶対王政を擁護していたと説明され、たしかにそういった文脈も多くあるが、権力と強さとを「多数意見によってすべての意志をひとつの意志とすることができるような、人びとのひとつの合議体に与えること」、すなわち民主主義への道を用意していたようにも思われる。そして、われわれは民主主義への道を選択したのである。

ホッブズに続くロックは、自然状態を完全に自由な状態として説明する。しかし、「放縦な状態」ではないという。自然状態にあっても「一切は平等かつ独立であるから、何人も他人の生命、健康、自由または財産を傷つけるべきではない」**という自然法を守らなければならない。しかしながら、自然状態には権力は存在しないので、各々が自然法に違反する者を処罰する権利をもつ。ロックはホッブズと異なる自然状態を想定しているが、より安定的な社会を成立させ、各々の生命、健康、自由または財産を保全するための手段として国家をつくる契約を結ぶ。その場合、各々がもっていた自然法に違反する者を処罰する権利は国家に譲渡されることになる。しかし、国家が各々の生命、健康、自由または財産を保全しないどころか、国家が各々の生命、健康、自由または財産を侵害する場合は、国家に譲渡された権利が手中に戻ることになる。

社会契約論は、アメリカ合衆国独立、フランス革命、そして時は過ぎて、第二次世界大戦後の植民地の独立の理論的背景として大きな役割を果たしたが、その後、ロールズに至るまで「過

*ホッブズ（1964）32-33〔第二分冊〕

**ロック（1968）12

去の理論」としてあまり顧みられなくなった。

第2節　学校・刑務所・病院・工場

ある挿話を紹介しよう。

火星人が地球に来て、学校、刑務所、兵営、病院、工場を見てまわったとする。火星人はそれらが地球人にとってはまったく別種の施設であるということをどうやって理解するだろう。それらは外見からはほとんど区別できない。少数の人間に命令し、監督し、保護し、ときに処罰する。多数者は少数者の同意を得ないと次の動作に移ることができない。多数者がすべて同じ服装をしており、少数者がばらばらな格好をしている学校と、多数者の服装と少数者の服装が別種になっている刑務所とを比較したならば、これらの施設がすべて刑務所を原型に作られており、兵営、学校、病院、工場はそれの亜種であると、火星人は判断するに違いない。*

兵営となると日本であれば自衛隊やアメリカ軍の施設を想起させるが、自衛隊やアメリカ軍の施設は、立地が偏っているため、ここでは学校、刑務所、病院、工場をとりあげて考えよう。学校も、小学校、中学校、高等学校に限定して考えてみよう。言われてみれば、学校、刑務所、病院、工場は似ているところが多い。インターネットで航空写真を眺めてみるとわかるが、外

*加藤（1987）82

見としては、学校の校庭を象徴として広場があるということ、多くの場合、無機質な長方形の建物が並ぶということ、これらは一見した共通点であるといえる。そして、学校であれば先生と生徒、工場であれば上司と部下、刑務所であれば刑務官と受刑者、程度の差さえあれど、その両者は管理する者と管理される者という関係がある。私の思い出では、中学、高校では授業中に寝ていたら怒られたが、それは私が、先生という管理する者にとっての管理される者としての生徒であったからに他ならないだろう。この管理する者と管理される者は、多くの場合、外見上で識別可能なようになっている。刑務所は象徴的だが、学校も生徒の制服が決まっている場合が多いし、先生もスーツを着てはいないだろうか。そして、工場においても管理される者と管理する者は峻別されていた。このように、学校、刑務所、病院、工場には、「少数の人間が多数の人間を管理する仕組み」が共通して存在する。そして、学校、刑務所、病院、工場はどれも近代以降に現在のようなかたちを整えていった施設、仕組みである。そして、それは刑務所をモデルとしてつくられていったのである。そして、ここで強調しておかなければならないのが、管理する者と管理される者との間に権力関係が存在するということである。管理する者と管理される者との関係がいくら良好であっても、そこに権力関係があることから目をそらしてはならない。

ここまで考えると、前近代、近代を通じて、社会には「少数の人間が多数の人間を管理する仕組み」があるのではないかという疑問も浮かぶだろう。たとえば、ピラミッドを作るときは、ある程度「少数の人間が多数の人間を管理する仕組み」があったはずだといったように、である。本章で扱うのは、「少数の人間が多数の人間を管理する仕組み」一般ではなく、近代特有の仕組みである。すなわち、近代官僚制を問題としたい。したがって、単に官僚制という場合は、近代官僚制を指すこととする。

官僚制は、もはや学校、刑務所、兵営、病院、工場に限られた仕組みではない。国民国家、地方公共団体、会社、政党、ＮＧＯや場合によってはＮＰＯなどにも存在する。*むしろ、これらの官僚制のあり方をまずもって考えるべきであろう。本章で扱う官僚制批判の要点は、官僚制にもとづく組織が「自立」化し、管理する側と管理される側も機械となってしまうということである。

この図式、市場経済の「自立」、そして労働力商品と商品交換者の機械化とまったく同じであることに気づく。

ミルは『自由論』において官僚制について言及している。ミルの主張を見ていく中で、官僚制批判の手がかりを得よう。ミルはまず、以下のようにいう。

> あらゆることが官僚組織を通して行われている国では、官僚が本気で反対することは何一つできない。このような国の政体は、国民のうち経験と実務能力のある人間を集めて、ひとつの規律ある集団に組織化し、それによって国民全体を統治しようとするものである。**

日本国という国民国家はまさに「あらゆることが官僚組織を通して行われている国」であろう。そして、国家公務員は、国民の中から経験と実務能力のある人間を集めているだろう。そういった人間を官僚と呼んでいる。そして、その官僚は規律ある集団に組織化され、その官僚

*第７章で説明する通り、ＮＧＯは、公共圏の主要なアクターではあるが、規模が大きくなるにつれて官僚制に支配される可能性をもっている。

**ミル（2012）269

組織によって、われわれ国民は統治されているのである。ミルはつづける。

そして、その組織が完成度を高めれば高めるほど、また社会の全階層から能力の高い人間をそこに集め、官僚的な人間に育てていけばいくほど、国民全体の奴隷化が進んでいく。奴隷化は官僚自身にも及ぶ。なぜなら、統治されるひとびとが統治する官僚たちの奴隷になるのと同様に、官僚は自らの組織とその規律の奴隷になるからだ。*

ここで注目すべきは、言うまでもなく、官僚制度が整えば整うほど、国民の奴隷化が進むということ、そして官僚の奴隷化も同時に進むということである。官僚は、自らの組織とその規律の奴隷となるのである。したがって、いつしか官僚組織は、組織と規律が主体となり、官僚、そして国民はその奴隷、すなわち客体となってしまうのである。

本節の最後に見ておきたいのが、ミルが行政組織が大きくなればなるほどわれわれから自由が奪われてしまうといっていることである。同時にミルは以下のように言う。

行政機構が効率的で科学的につくられていればいるほど――その機構を動かす優秀な労働力と頭脳を獲得する段取りが巧妙であればあるほど――弊害は大きくなるだろう。**

ここで行政機構が効率的で科学的につくられるほど、自由が奪われる弊害が大きくなると言っているが、なぜ効率的で科学的につくられれば自由が奪われる結果になってしまうのか。

---

*ミル（2012）269-270

**ミル（2012）265

このような問いを踏まえつつ、次節において、マックス・ヴェーバーの近代官僚制批判を見ていこう。

第3節　官僚制

マックス・ヴェーバーの生まれた一九世紀のヨーロッパでは、フランス革命を経て、国民国家が成立していった。その流れの中で成立したのが、遅れてきた近代化を果たした、ドイツ帝国であった。その大きな流れの中にヴェーバーはいた。ドイツ帝国は鉄血宰相ビスマルクのもとで急速な近代化を成し遂げていき、さまざまな軋轢を抱えながら第一次世界大戦に突入していくこととなる。そういった一連の流れのただ中にいたヴェーバーが国民国家の官僚制としてのあり方を研究することは自然なことであったことだろう。

ヴェーバーは、官僚制の特徴的な様式として、六つ挙げている。第一に規則による明確な「権限」、第二にヒエラルヒー構造、第三に文書主義、第四に専門知識の必要資格任用制、第五に専業、第六に一般的な規則による規律である。以上六つの官僚制の特徴的な様式を踏まえて、官僚制は以下のように規定できる。官僚制とは、集団や組織において専門をもった構成員が自律的な規則と機構をもってその集団や組織の活動や秩序を規定する仕組みを指す。

ヴェーバーが指摘している官僚制の特徴を本書の主題である機械論的世界観に関わる文脈で確認していこう。まず、ヴェーバーは、以下のように述べている。

マックス・ヴェーバー（Max Weber：1864–1920）ドイツの社会学者。

「没主観的」な〔事務〕処理とは、このばあい、なによりもまず、「人柄のいかんを問わずに」、計算可能な規則にしたがって〔事務を〕処理することを意味する。ところで、「人柄のいかんを問わずに」ということは、「市場」およびいっさいの露骨な経済的利害追求一般の合い言葉でもある。*

ヴェーバーは、「市場」すなわち本書における市場経済を視野に入れつつ、管理される側とともに管理する側が機械論的人間観によって捉えられる人間になってしまうことを述べている。ミルと共通する視点を確認することができよう。ここでいう没主観的な事務処理を客観的な事務処理と理解するならば、客観的な事務処理は、人柄を問わずに、すなわちどんなよい人であろうと、どんな悪い人であろうと、事務処理をする側にとって身内であろうと、身内でなかろうと計算可能な規則にしたがって処理をすることを意味するという。見慣れてしまったフレーズになってしまったが、ここでも「計算」がキーワードである。管理される側は、管理する側にとって客体として捉えられ、計算可能な対象とされる。まさに管理される側は、機械論的人間観によって捉えられるのである。同時に、管理する側は、その計算可能な対象となった管理される側の人間を規則にしたがって処理することとなる。すなわち、管理する側も計算機械に堕してしまうことになる。

以上のことを、ヴェーバーの言及をはさみながら改めてまとめると以下のようになる。官僚制は、一義的な計算可能性を徹底せしめるために、「一切の純個人的な、すべて非合理的な計算しえない感情的要素」をできる限り排除する。端的にいえば「非人間化」することが、「官

---

*ウェーバー（2012）258

僚制の徳性」に他ならない。* そして、その「非人間化」、つまり機械論的人間観によって人間を捉えることは、管理される側だけでなく、管理する側も含まれるということになる。ただ人間が、官僚制という仕組みの客体として存在するということになる。言うまでもなく、客観的に「一切の純個人的な、すべて非合理的な計算しえない感情的要素」をできる限り排除して、事務処理を行うことはきわめて重要である。たとえば、公正さが求められる入試といった場面で、人間を感情的に捉えることは不公正を生む。そういった官僚制の積極面は強調しておかねばなるまい。

ところで、ヴェーバーがいうように、「人柄のいかんを問わずに」ということは、市場経済においても同様のことであった。人間は、市場経済というシステムの客体として、もっぱら機械論的人間観によって捉えられてしまうのである。ヴェーバーは『プロテスタンティズムの倫理と資本主義の精神』** において、以下のように述べている。

> 今日の資本主義的経済組織は規制の巨大な秩序界であって、個々人は生まれながらにしてその中に入り込むのだし、個々人にとっては事実上、その中で生きねばならぬ変革しがたい鉄の檻として与えられているものなのだ。***

われわれは生まれながらにして「鉄の檻」に閉じ込められている。「鉄の檻」に閉じ込められている個々人は、「『営利機械』として財産に奉仕する者とならねばならぬという思想」によって「生活の上に冷ややかな圧力」をかけられている状態にある。****

*ウェーバー（2012）259

**『プロテスタンティズムの倫理と資本主義の精神』は一九〇四年から一九〇五年にかけて著された。

***ヴェーバー（1989）51

****ヴェーバー（1989）339

第5章

この官僚制は、もはや国民国家に限られた仕組みではない。資本主義的経済組織全体に行き届いている。社会には、さまざまな組織があるが、市場経済社会において次々とさまざまな組織に、競争の原理を持ち込まれ、資本主義的経済組織に飲み込まれている。大学でさえも学生をどう「管理」するかということがためらいもなく論じられていることも、大学が資本主義的経済組織に衣替えしている証左ではなかろうか。ここでも、市場経済の飽くなき拡大を見出すことができよう。

しかしやはり象徴的には、資本主義的経済組織は会社であろう。会社は、労働力商品としての人間を、市場経済の論理によって管理するのである。そこにいる人間は、労働力商品として、非人間化が徹底化されているがゆえに、常に軋轢を抱え、ときに資本主義的経済組織がひとを殺めることさえある。市場経済において労働力商品としての人間を管理するのが官僚制であり、人間を機械論的人間観でもって捉えるという意味で市場経済と官僚制は強い親和性があり、その両者は近代社会を駆動させている両輪である。

ヴェーバーがいうように、鉄の檻がいくら変革しがたいものであっても、変革に向けた隘路を突破しようとする意欲は失ってはならないのではないだろうか。

第４節　管理社会と生権力

本節は、〈生権力〉論を本書の流れの中に位置づける。biopouvoir すなわち、〈生権力〉は、ミシェル・フーコーによって提示、議論された概念である。〈生権力〉は、監視社会、管理社

ミシェル・フーコー（Michel Foucault：1926–1984）フランスの哲学者。

会といった文脈でしばしば論じられる。端的にいえば、〈生権力〉は近代以降における身体の規律・管理を基本とした権力を指す。前近代の権力は、死への恐怖を利用して支配していた。法を破った者、あるいは権力者に背いた者は、命を奪うといった仕方での支配である。殺されるのは避けたいので、超越者の言うことを聞こうということである。しかし、近代以降の〈生権力〉は、身体を規律・管理することによって支配する。より詳しく見ていこう。

〈生権力〉によって、身体が規律・管理される場所は、学校、病院、軍隊、工場である。ここでは、われわれが想像しやすい小学校を考えてみよう。私の経験では、小学校では授業中に、勝手にトイレにたつことができない。許可を取らねばならないし、場合によっては我慢するよう強要されることもある。そうなれば、休憩中にトイレをすませることとなる。これが身体の規律・管理である。トイレに行く時間を制限することによって、排泄という身体の機能を、規律し、管理しようというわけである。当初は、不自由さを感じつつも、いつしかそれに慣れてしまう。自分自身の身体を自分自身で管理することが完結するのである。自分自身が管理されていることを意識しなくなるのである。他の事例も考えてみよう。小学校における体育である。体育もまた身体が規律・管理される象徴としてある。運動会前に行われる行進の練習は、足の先から指の先まで規律訓練されるのである。近代初頭から兵隊の養成を目的に始まった体育による規律・管理により、人間の身体はなんにでもなれる身体を手にすることとなる。現代社会においては、労働力商品になりえる身体を手に入れることとなる。こういった規律訓練を通して作られた身体は、権力に従属的なものとなってしまう。

フーコーが〈生権力〉の典型を見たのが、パノプティコンのモデルである。パノプティコンとは、功利主義の文脈で紹介したベンサムによって考えられた、監獄のモデルである。パノプティコンのモデルの要点は、パノプティコンにおいては監視する者からは監視される者を見ることができるが、監視される者から監視する者が見えないということである、すなわち、監視する者と監視される者との間で、視点の非対称性があるということである。したがって、監視される者にとって、今の自分が見られているか見られていないのかわからない状態がいつも作られることとなるのである。そうすると、監視される者は、常に監視される者の視線を受けることとなる。必ずしも監視される者からの視線を受けていなくても、である。そのようないつも監視されているかもしれないと思うことは、監視される者の内的な視点である。なぜなら、監視する者が、監視される者を見ている瞬間もあれば、見ていない瞬間もあるからである。すなわち、監視される者にとって、監視する者の視線を内面化することとなる。視線を内面化することによって、監視される者はいつも権力に見つめられることを意味する。そのことは、権力が遍在化してしまうことを意味する。権力の視線を逃れて、〝悪さ〟をすることが不可能になるのである。そして、いつもどこのだれかに見られているかわからないという非人称の監視にさらされるのである。

ここまで論ずるとあたかも、〈生権力〉の及ぶ範囲は学校、病院、軍隊、工場に留まっているように考えられ、それを抜け出せば〈生権力〉の網の目から逃れられるように考えられるかもしれない。しかし、このパノプティコンのモデルは、学校、病院、軍隊、工場をこえて、社会にあまねく展開されているのだ。こういった社会のあり方を監視社会や管理社会という。少し丁寧に説明しよう。

〈生権力〉は、むしろ高度にテクノロジーが進んだ高度情報社会においてより洗練された姿を現す。高度情報社会において、われわれの行動はさまざまなかたちで記録されている。銀行のＡＴＭでお金を下ろそうとした、まさにそこに監視カメラがある。その監視カメラによって、あなたが今そこにいたことが記録される。駅の改札を通ろうと交通系電子マネーを利用する。上を眺めると監視カメラがあるばかりか、交通系電子マネーのシステムにあなたがいつ、どこからどこまで移動したかが記録される。

そういった記録は、そのまま監視・管理につながる。いつでもだれかに見られているのである。つまり、非人称の監視である。このいつでも誰かに見られているかもしれないという、自己自身の内的な視線は、外的な規範を内面化し、自分で自分を監視することにつながる。いつでもだれかに見られているかもしれないから、しっかりルールを守らなければならないと自分自身に言い聞かせることになるのである。その「しっかりルールを」のルールは、決して道徳ではなく、法である。法は、権力によって守らなければならないとされている。したがって、権力に従って、いつでもどこでも法を守ることを自分自身に課すことになるのである。それも当初は、いつだれに見られているかわからないから、法を守ろうとコギト原理による意識性によって、意識し、考えているかもしれない。しかし、いつしかそのことすら考えることなく、いつでもどこでも盲目的に法を唯一の規範として生活してしまうかもしれない。

したがって、〈生権力〉論の行き着く先は、われわれにとってコギト原理の一層の強化と思われつつも、われわれが考えることを抜きにしてただ単に内面化された外的な規範に従う機械に過ぎなくしてしまうのである。外的な規範を内面化するため、結果的に権力のありようはより直接的になってくる。法と道徳の関係のところで述べたような、「法の行き届かなくなる場所では、道徳を」といったことも霧消し、ただ法のみが規範となるのである。このように考えれば、われわれにとって共同体の規範である道徳が、官僚制の規範である法に完全にとって代わられてしまうようになるかもしれない。

以上の議論をまとめると〈生権力〉論を通して見えてくる、人間と社会のありようは、以下のようになろう。人間は、考えることをはぎ取られた法を遵守する機械になってしまう。したがって、人間の物的存在化という帰結となる。他方で、社会では、共同体の領域が一層狭まってしまうことを意味し、官僚制のさらなる拡大を意味することとなる。

このことから、公共圏について敷衍して考えてみると、考えることがはぎ取られてしまい、権力の直接的な暴露にさらされている中では、公共圏に対する抑圧性はより一層強くなるといわざるを得ない。権力による言説の無批判的な、そして盲目的な再生産が公共圏において行われることとなる。そうなれば、もはや公共圏は、疎外された公共圏になりさがってしまうことになるだろう。

最後に、ふたたびミルの言葉を踏まえて考えてみよう。ミルは官僚組織の堕落への誘惑、組織内の粗雑なアイデアに飛びつく冒険への誘惑に対する防止策として、「官僚組織の外部にいて、官僚に負けないぐらい高い能力をもったひとびとによる監視と批判」*を挙げている。権力の飽くなき拡大に対して、「官僚に負けないぐらい高い能力をもったひとびとによる監視と批判」が求められている。この点に関しては、第7章において公共圏をめぐる議論として主題的に考えていくこととなる。

---

*ミル（2012）271

「伝統」とは、つねに過去の一面ではなく、現在の一部であり、過去が生んだものではなく、現在がつくり出すものである。

（ウォーラーステイン）

第6章
格差問題と環境問題

第1節　機械論的世界観

ここまでの議論を改めて機械論的世界観に視点を定めてまとめてみよう。機械論的世界観は、自然観、人間観、社会観に分けて考えることとしたことから、機械論的世界観として総括する前に、自然観、人間観、社会観それぞれについて見ていこう。

機械論的自然観は自然を、機械をメタファーとしてあるいはモデルとして認識すると同時に、扱う自然観であった。近代的な科学的認識は、機械論的自然観の象徴である。たとえば、生命に対しても二重らせん構造の発見以降、機械論的自然観にもとづく理解が進んでいるといえる。人間を理解するために、人間を器官に、器官を細胞に、細胞を細胞小器官に、細胞小器官を分子に、分子を原子に、といったように認識の階段を降りてゆく。今なお、DNAからRNA、そしてタンパク質、形質という要素還元主義的な考え方は生物学の主流のセントラルドグマでありつづけており、要素還元主義的傾向を脱してはいない。* 一方で、機械論的自然観は、機械を人間が管理、支配、制御可能なように自然も管理、支配、制御可能だとする。われわれは、機械に対して、日々のメンテナンスをすることで管理し、機械に人間が使われるようなことがなく、機械を人間が支配、制御している。こういった機械に対する態度を自然にもするのである。

次に機械論的人間観について確認しておこう。デカルトによれば人間は、思惟する実体と延長ある実体に分けられる。延長ある実体とは、身体を意味する。この場合の身体は、機械論的自然観によって説明される自然と同様に捉えられる。すなわち、機械をメタファーとして人間

*生物学においてもこういったセントラルドグマを相対化する議論がなされている。

の身体を捉えるのである。しかし、思惟する実体は、身体とは異なる実体であり、デカルトにとっては、あくまで心身二元論の立場をとる。次いで、ホッブズとラ・メトリは、デカルトのいう思惟する実体でさえ、機械論的に捉えられるとする。したがって、機械論的人間観は、思惟する実体と延長ある実体ともに、機械をメタファーとして捉えるのである。たしかに、われわれにとって、自らの身体を機械とは思えず、自らの思考をコンピューターと同様であるとは思えない向きもあるかもしれない。しかし、市場経済社会の側から人間を考える場合、人間は労働力商品であると同時に商品交換者として捉えられるがゆえに、ただ社会から動かされる機械として捉えられているといってよい。そのことは、人間を思惟する実体の能力としての理性のあり方に波及する。すなわち、市場経済と官僚制の拡大にともなって、人間は商品を媒介した関わりのみを強いられる独立した個人として捉えられるがゆえに、われわれは他者との関わりを担保する公共的理性が後景に退き、内省的理性が前景に出てくることとなる。その結果理性が孤独な理性へと転化してしまう。しかしながら、そういった論理はすでにデカルトの思想に内包されていたといえる。デカルトが思惟する実体といったときに、人間の〈思惟する〉というあり方を実体として捉えたことから、こうした帰結は準備されていたといえよう。

機械論的社会観は、社会的な〈個〉の総和を社会とする見方である。より具体的にいえば、さまざまな議論がありつつも社会契約論は社会的な〈個〉の集合として社会を捉える議論を展開し、同時に市場経済社会の拡大と軌を一にしている私的所有の全面化は、近代以前の社会においては全体論的に捉えうる共同体を解体し、社会的な〈個〉のあり方を際立たせることに寄与したといえる。同時に、労働力商品と商品交換者として均質化された機械としての人間は、唯一性を失っている。誰とでも交換可能な人間に唯一性、言い換えれば個性はないのである。個性を失った機械としての人間の集まりが機械論的社会観による社会なのである。現代社会が機械論的社会観にもとづく社会ならば、あなたの代わりはたくさんいるのだ。

ヴェーバーは、『プロテスタンティズムの倫理と資本主義の精神』において先にも引用したように「今日の資本主義的経済組織は規制の巨大な秩序界であって、個々人は生まれながらにしてその中に入り込むのだし、個々人にとっては事実上、その中で生きねばならぬ変革しがたい鉄の檻として与えられているものなのだ」と述べている。二〇世紀の初頭に『プロテスタンティズムの倫理と資本主義の精神』は著されたが、二一世紀の現在において「資本主義的経済組織は規制の巨大な秩序界」として存在し、個々人は、その「鉄の檻」に閉じ込められている状況に変わりはない。「鉄の檻」に閉じ込められている個々人は、「管理する僕、いやまさしく『営利機械』として財産に奉仕する者とならねばならぬという思想」によって「生活の上に冷ややかな圧力」*をかけられている状態にある。言い換えれば、市場経済が全面化した社会における人間は、主体性をはぎ取られ、「管理する下僕」、「営利機械」として存在することとなる。すなわち、主体性を失った計算する機械としてのみ存在することとなるのである。その場合の社会の主体とはなんだろうか。

以上、機械論的な自然観、人間観、社会観を見てきた。したがって、改めて機械論的世界観とはなにかという問いに答えるならば、以下のようになるだろう。機械論的世界観は世界を、機械をメタファーとしてあるいはモデルとして認識すると同時に、扱う。自然は、ことごとく細かく認識され、他方で社会は〈個〉としての人間の集合として捉えられ、〈個〉としての人

*ヴェーバー（1989）339

間も自然同様に認識される。同時に、人間もあるいはその集合の社会も、自然も、機械と同様に、支配、管理、制御可能な存在であると扱われる。

その場合、機械論的に世界を眺めると同時に世界を動かす主体は、飽くなき拡大を続ける自動機械であるということになる。われわれは、自らが生み出し、育んだ自動機械に飲み込まれ、その自動機械が飽くなき拡大を続けるという目的の手段としてある。それが機械論的世界観の帰結である。自動機械とは、具体的には市場経済と官僚制の複合体である。その両者の複合体である自動機械が拡大、深化していくことは同時に、その思想的前提となる機械論的世界観が拡大、深化していくことを意味する。その機械論的世界観が拡大、深化していくさまを説明する理論として、ウォーラーステインによる世界システム論がある。

第2節　世界システム論

以上論じてきたような機械論的世界観が拡大、深化していく過程を考えるうえで有益なのが世界システム論と呼ばれる議論である。世界システム論は、I・ウォーラーステインによって提示された理論である。ウォーラーステインは、後述するロールズと同様に一九六八年の世界同時革命をはじめとした一九六〇年代の社会情勢を背景としながら、そのキャリアをアフリカ研究からスタートさせた。このことは、後に説明することになるが、世界システムにおける中核と周辺という枠組みにおいて、ウォーラーステインのキャリアの初期から周辺に視線がおかれていたことは強調しておいてよいだろう。以下、ウォーラーステインの世界システム論の概

イマニュエル・ウォーラーステイン（Immanuel Wallerstein：1930-）アメリカの社会学者。歴史学者であるブローデルの議論を踏まえて、世界システム論を提唱している。

要を説明する。そのことを通して、機械論的世界観の拡大、深化の駆動力が市場経済であることを示したい。

世界システムは、帝国と世界経済に分けられる。帝国としての世界システムは、これまでも興っては滅びを繰り返してきた。他方で、世界経済の典型は資本主義的な世界経済である。したがって、世界経済としての世界システムは近代に立ち上がった世界システムであるといえる。両者を対比的に説明するとすれば、帝国としての世界システムは、統治機構によって世界を統合している一方で、資本主義的な世界経済は、市場経済にもとづいた分業体制によって統合されているものの、統治機構によっては統合されていない。国民国家がそれぞれ主権をもっている。帝国としての世界システムは、統治機構によって世界を統合しているがゆえに、官僚制の維持が困難であったことなどから、持続的に世界システムを形成させることが難しかった。以降、世界経済としての世界システムに移っていった。したがって、以下は近代以降の世界システムである、世界経済としての世界システムについて論じていくことにする。

世界システムは、中核、周辺によって構成されている。中核は自由な労働を任い、周辺を経済的に従属させている。中核は、第二次産業、第三次産業を担う。周辺は、第一次産業を担う。一見、中核と周辺の間でそれぞれの生産物が等価交換されているように思われるが、中核は賃労働が行われている一方で、周辺では奴隷制に象徴されるような不自由な労働を前提に、すなわち周辺に住まう人びとへの抑圧が前提とされており、後述するように文字通り、中核は周辺を従属させている。

上記のことを歴史的な流れの中で丁寧に説明してみよう。前近代においては、非市場的な経済において、「小さな経済圏の中での食糧と手工業製品の生産」[*]が中心となっており、「比較的小規模で自給的な経済単位」[**]から社会が構成されていた。しかし、経済的な余剰の収奪形態が、封建的な貢納や地代といった直接的な収奪から、はじめは農業の、ついで工業の高い生産性を前提にした効率のよい余剰収奪形態に移行する。このことをもって資本主義的な世界経済は確立される。

こうして姿を現しはじめた「世界経済」の経済地理的な意味での周辺では、主要な経済活動が二種類あった。地金採取のための鉱山業と、食糧生産のための工業的な農業[***]とがそれである。先にも述べたように、周辺は第一次産業に従事する。同時に、中核は自由な労働、周辺は抑圧された労働といったように異なる労働の様式がそこにはある。この異なる労働の様式があることが「世界経済」の前提条件となるのである。

他方で、中核は安定した統治機構が必要となる。安定的な統治機構が必要な理由はいくつかあるが、ここで強調しておきたいことが二つある。第一に統治機構それ自体が有力な企業活動の主体であったことである。第二に自由な労働者、すなわち労働力商品になりえる均質な国民を育てるということである。[****]中核を担う安定的な統治機構とは、国民国家を指す。さらに、ナショナリズムを利用して、「人びとを均質な文化をもった単一の集団に結集させること」[*****]によって、権力を集中させ、強力な国民国家を作り出していった。ナショナリズムによって国民国家を擬似的な共同体として成立させるのである。現代社会においても、中核を担う国民国家がナショナリズムの発揚の場であるオリンピックで大きな成果を残していることも上記のことと無関係ではないかもしれない。ウォーラーステインは以下のように述べている。

*ウォーラーステイン（1981）24

**ウォーラーステイン（1981）39

***工業的な農業（とくに機械論的な自然観との関係）については、大倉（2009b）を参照のこと。

****第5章第4節を参照のこと。

*****ウォーラーステイン（1981）217

強い国家の確立を目指す人びとは、やがて自己の目的を達するための強大な武器として、ナショナリズムを利用しはじめることは間違いない。*

ナショナリズムを巧みに活用することによって、国民国家はその全エネルギーを傾けて経済活動に邁進することができるのである。ナショナリズムを高揚すべく国民国家の側から働きかけられつづけていることをわれわれは忘れてはならない。

他方で、中核に属する国民国家間の覇権争い、すなわちヘゲモニー争いが繰り広げられていった。まずはオランダがヘゲモニーを握り、その後イギリス、そしてアメリカがヘゲモニーを握っていくことになった。イギリスがヘゲモニーを握っている間は、パックス・ブリタニカと呼ばれ、アメリカが覇権を握っている間はパックス・アメリカーナと呼ばれた、あるいは呼ばれている。ヘゲモニー国家は、世界システムのルールをコントロールするだけではなく、文化的な中心でもある。アメリカ文化の象徴であるアニメーション会社とそのテーマパークやファストフードの飲食店を想起すれば、ヘゲモニー国家が文化的中心であることも納得できるだろう。

現在は、パックス・アメリカーナに陰りが見えている局面にたっているという見方がある。そのような見方にたつとすれば、われわれの目の前には、新たなるヘゲモニー争いの末に新たなヘゲモニー国家が台頭するのか、あるいは世界経済としての世界システム自体の終焉が待っているのか、この二つの道が待っているように考えられる。

北米、南米、アジア、アフリカと周辺が推移していく中で、もはや地理的には世界システム

*ウォーラーステイン（1981）216

としての新たな周辺は存在しないことになる。そのことは、機械論的世界観展開の駆動力である市場経済が、グローバルに遍在していることを意味する。そして、言うまでもないが、機械論的世界観がグローバルに遍在していることを意味するのである。そういった意味で現代社会は、近代の世界観である機械論的世界観がグローバルに共有されている社会であるといえ、近代の完遂された社会である。したがって、現代社会は、グローバル市場経済によってひとつの世界として世界システムに包含されており、世界を包み込む大きな自動機械によって地球が統御されているといってよい。ここでいう地球とは、地球に住まう人間と自然を意味する。それゆえに、機械論的世界観による軋轢が、人間においては格差問題として、自然においては環境問題として露呈することになる。

第3節　格差問題

世界システム論から考えられる結論の一つは、世界システムは格差をその成立の条件にしているという点である。それゆえに世界システムは格差を作り続けなければならない。ここでいう格差とは、中核では自由な労働、周辺では抑圧された労働といったように労働のあり方によって作られることから、しばしば経済格差としてあらわれる。しかしながら、市場経済に依存しなければ生きていけない現代社会においては、経済格差はわれわれの生存の危機に直結する。したがって、この格差問題は、人間の危機といってよい。

まず世界システムから考えられる格差問題として、地域格差がすぐさま想起されよう。ウォーラーステインもそこに重点を置いているといってよい。グローバルな地域格差は、しばしば南北問題として語られる。豊かな北側諸国と、貧しい南側諸国といったように、である。歴史的には、中核諸国が武力によって新大陸やアフリカ、アジアを植民地とすると同時に、自由な労働を享受する一方で、奴隷制による労働を植民地に住む人びとに強いていた。そして現代社会においては、北側諸国は第二次産業や第三次産業に従事し、南側諸国は第一次産業に従事している。正しくは、南側諸国は第一次産業に従事することを強いられているといってよい。第一次産業に依存しなければ生きていけないのである。

しかし、地域格差は常に国境を越える問題であるわけではなく、国境の中でも地域格差は存在する。したがって、日本の国内においても地域格差は存在する。後述するように、公害問題が起こった地域、原子力発電所が立地する地域、そして沖縄を中心とした米軍の基地がある地域を考えれば、国内にも地域格差があることは確認できよう。南側諸国が、鉱山業やプランテーションなどの産業に依存しなければ生きていけないのと同様に、原子力発電所にかかわるさまざまな補助金や米軍の基地に依存しなければ生きていけないという構図があるのである。都市部である中核が自由な労働を享受できる一方で、周辺はある産業にしがみつかなければ生きていけないのである。

また民族格差も大きな問題としてある。これまた日本国内では、問題が見えにくくなっているが、日本国内においても琉球、アイヌの問題として民族格差が存在してきたし、現在も存在している。中核である本土の人びとによって、琉球、ならびにアイヌを周辺として、産業を固定化し、土地を奪い、文化を奪い、言語を奪ってきた歴史を直視しなければならない。

もうひとつ強調しておかなければならないのは男女格差である。世界システムの中核、周辺の構図はミクロな家族においても存在するのである。近代において成立した近代家父長制下において、男性は自由な労働を独占し、そして女性は家事労働を強いられてきた。女性は家事労働を選択しているわけではなく、自由な労働を選択できないため、家事労働を文字通り強いられてきた。女性は家事労働をすることを通して、近代家父長制にもとづく家族に依存しなければ生きていけない構図ができた。上野千鶴子はこのように述べている。

男性が自己の利益を守る「家父長制的戦略」には二つある。第一は女性を賃労働から排除することであり、第二は女性の労働を男性の労働よりも低く位置づけ、女性をそこに封じ込めておくことである。*

女性の社会参加が促されていきながらも女性は男性の労働よりも低く位置づけられ、中核である男性と周辺である女性の関係を改めるには至らなかった。現在においても男女の雇用格差を是正する法制度は整いつつあるものの、今なお家事は女性が担うべきであり、日中は男性同様に働きながらも帰宅後も家事を強いられる女性が多いことは、現代においても中核である男性と周辺である女性の関係が改まるには至っていないことの証左であろう。また、近代家父長制は男性の自由な労働を前提とするがゆえに、あくまで近代において成立した制度である。そうであるにもかかわらず、近代家父長制があたかも伝統であるかのように語られる言説も多くある。まさに伝統が、現状を肯定する言説として作られているといってよい。

*上野（2009）74

現代社会の日本においては雇用にかかわる新たな格差問題が露呈しているが、機械論的世界観を思想的背景とする世界システムが格差をその成立の条件としているがゆえに、常に格差は作り出されていくのである。この格差を是正するためにも、すべての人間を対象にしうる、真に倫理的な正義の構築が急務であろう。

第4節　環境問題

ヴェーバーは、資本主義的経済組織による巨大な秩序界の行く末について以下のように述べている。

この秩序界は現在、圧倒的な力をもって、その機構の中に入り込んでくる一切の諸個人――直接経済的営利にたずさわる人々だけではなく――の生活スタイルを決定しているし、おそらく将来も、化石化した燃料の最後の一片が燃えつきるまで決定しつづけるだろう。*

市場経済の強力さに皮肉を込めての表現だとは考えられるが、現代社会においてはヴェーバーのシナリオ通りに進んでいるといってもよい。化石燃料という実質的に再生可能でないエネルギーを浪費し続け、環境の危機に歯止めがかかってはいない。そして、その環境の危機は、われわれの生存を脅かす環境問題としてわれわれにとって問題化される。同時に、化石燃料の

*ヴェーバー（1989）365

枯渇は資本主義的経済組織による巨大な秩序界の終焉を意味するようだ。本書の論述に合わせて考えるならば、環境問題は世界経済としての世界システム自体の終焉を考えるうえで欠かすことのできない重要な論点である。そこでもう少し世界システムと環境問題の関係について考えてみよう。

われわれは自然に接する場合、二つの経路をもっている。ごく簡単にいえば、直接的に自然に触れる場合と間接的に自然に触れる場合である。ペットや鉢植え、そして公園の木々、山登りをする際に靴底を通じて感じうる土の柔らかさ、鳥たちのさえずりなどに対しては、われわれは五感を通じて直接的に自然に接している。他方、われわれ世界システムを通じても、間接的に自然に接しているといえる。この間接的に自然に接する場合、われわれは自然に対する残忍な姿を露わにする。このようにわれわれにとって自然に接し、働きかけることの対極的な二面性があるとすれば、自然観は分裂状況にあるといえよう。たとえば、われわれはペットを家族同然に可愛がる。動物を家族同然に扱うことそれ自体が現代的な動物観であるように思うが、同時にわれわれは毎年多くの愛玩動物を殺処分し、愛玩動物産業の中で杜撰に管理されている状態もある。すなわち、官僚制を通してわれわれは多くの愛玩動物を管理の名の元に殺処分し、市場経済を通してわれわれは多くの動物たちを商品として冷淡に扱う。すなわち、われわれは身近な自然に対しては優しい態度をとるが、間接的に官僚制や市場経済、つまり世界システムを通して自然に触れる場合、きわめて冷淡な態度をとる。

環境問題として問題化するまで自然から収奪し、自然を破壊している現場は、現代社会の日本に住んでいると見えにくい。なぜならば、それは周辺において行われているからである。世界システム論に立ち戻れば、世界システムにおける周辺は、第一次産業を担っているとされた。具体的には、鉱山業や、工業化された農業、林業など、大規模な経営で環境負荷の高い産業である。そのひとつを取り上げれば、プランテーションによる大規模な単一作物栽培は、その土地の環境の生物多様性を根こそぎ破壊するばかりか、大量の化学物質を投下する故に環境問題に発展している地域は多い。このように世界システムを通して、間接的に自然に接する場合、われわれは環境危機を引き起こすような自然破壊が可能なのである。われわれの日常の安定した生活は、周辺に位置付く地域の環境を破壊することによって成り立っているのである。

議論が少しそれるが、環境問題が世界システムを通して引き起こされているということは、環境問題が単なる規範の問題に還元され得ないことをも示している。環境倫理を中心として環境に対する規範を考えることは非常に重要であることは言うまでもないが、われわれが環境を大切にしようと身近な自然を大切にすることだけでは環境問題は解決されない。なぜならば、環境問題は市場経済や官僚制という自動機械によって引き起こされているからである。環境問題に立ち向かうためには、市場経済や官僚制という自動機械と立ち向かわなければならないのである。

議論を世界システムと環境問題の関係に戻そう。先に述べたように、中核と周辺の関係は必ずしも国境を越えるわけではない。日本の国境内にも中核と周辺の関係は存在する。これまで地域環境問題として公害が起こった地域の多くもやはり周辺であったし、原子力発電所の立地も経済的に自立の難しい周辺におかれている。フクシマを経験したわれわれにとっては、事故後ひとが住めないほどの苛烈な環境破壊がなされたことは強く記憶に留めている事柄である。

多くの住民が都市部である中核に住んでいることから、われわれは周辺にそういったいつ苛烈な環境破壊がふたたび起こるかわからないという危険を押しつけることによって日々の安定した生活を営んでいるのである。

これまでも言及しているように、世界システムの前提には機械論的世界観がある。機械論的世界観こそが環境の危機の思想的背景としてあるのである。科学史の研究者であり、同時にエコフェミニズム*の主要な論者として紹介される、キャロリン・マーチャントは、以下のように述べる。

機械論的哲学は今日でも産業中心の資本主義を正当化するイデオロギーであり、また自然を支配する産業中心の資本主義固有の倫理であり続けている。**

このようにしばしば機械論的世界観は、環境の危機の思想的背景として語られるのである。機械論的世界観から考えれば、現代社会における人間の危機と環境の危機を個別の問題ではなく、同じ問題として扱うことができる。人間の危機と環境の危機はその根源を共有するのである。個別の問題として捉えることも個別具体的な問題の解決策を考える場合はもちろん重要であるが、巨視的に個別具体的な問題の所在地を確認することも同様に重要であろう。

しかしながら、先ほど、われわれが自然にふれあう場合、二つの経路が準備されていると言った。一方は世界システムを通しての場合であり、他方は世界システムを通してではない場合である。世界システムを通してはたしかに自然に対して残忍な態度をとるが、世界システムを

*エコフェミニズム（eco-feminism、ecological feminism）は、１９７０年代に新しい社会運動として生まれ、女性と自然の抑圧の類似性に注目する立場である。

キャロリン・マーチャント（Carolyn Marchant：1936-）アメリカの哲学者。ヴァンダナ・シヴァなどとともにエコ・フェミニズムの代表的論者である。

**マーチャント（1995）82

通さない場合は自然に対して残忍な態度をとるわけではない。したがって、現代社会においては、どこまでも世界システムに覆い尽くされているようでいて、世界システムではないオルタナティブの核になる社会領域はたしかにあるのである。そのオルタナティブの核になる社会領域を探究することこそが、機械論的世界観ではない、同時に前近代の世界観の復古でもない、脱近代の世界観を探究する手がかりになるだろう。したがって、次章以降、そのオルタナティブの核になる社会領域を探究していくこととしよう。

人びとは活動と言論において、自分が誰であるかを示し、そのユニークな人格的アイデンティティを積極的に明らかにし、こうして人間世界にその姿を現わす。

（アーレント）

第7章
共同体と公共圏

第1節　公的領域と私的領域

ハンナ・アーレントは、時代に翻弄されて生きた。ユダヤ人である彼女はナチスの迫害から逃れるかたちで、アメリカに移り住むこととなる。そのアーレントが、アイヒマンの裁判に立ち会うことになるが、このアイヒマンの裁判に関するアーレントの言説が物議を醸したことはよく知られている。* ナチスをはじめとした全体主義が、大戦後、アーレントの問題関心の中心にあったといってよいだろう。アーレントは、公共圏論、公共性論のパイオニアとして注目されつづけている。

一九五八年に公刊されたアーレントの『人間の条件』に注目し、その議論を追うことで、二つのことを考えていきたい。第一にアーレントが社会をどう捉えていたか。第二に、アーレントが考えていた人間の活動力についてである。この第二の議論を通じて、よりアーレントの考える社会のあり方が見えてくることになる。

まず、アーレントは、社会を公的領域と私的領域に分けて考える。アーレントはこのことについて以下のように述べている。

> 公的領域と私的領域、ポリスの領域と家族の領域、そして共通世界に係わる活動力と生命の維持に係わる活動力——これらそれぞれ二つのものの間の決定的な区別は、古代の政治思想がすべて自明の公理としていた区別である。**

ハンナ・アーレント（Hannah Arendt：1906-1975）ドイツ出身の哲学者。

*アイヒマンの裁判とは、ナチス・ドイツのユダヤ人虐殺に関与したアドルフ・O・アイヒマンが、エルサレムでうけた公開裁判のことであり、その裁判のアーレントによる取材報告が一九六三年に雑誌に掲載された『イェルサレムのアイヒマン』である。

**アレント（1994）49-50

ここでアーレントが、公的領域をポリスの領域として、そして私的領域を家族の領域として言い換えていることに注目したい。同時に以下のようにも述べている。

家族という自然共同体は必要〔必然〕から生まれたものであり、その中で行われるすべての行動は、必然〔必要〕によって支配される。これに反して、ポリスの領域は自由の領域であった。そして、この二つの領域の間になにか関係があるとすれば、当然それは、家庭内における生命の必然〔必要〕を克服することがポリスの自由のための条件である、という関係である。*

まず、私的領域は家族の領域として言い換えることができ、そこでの行動は、必然によって支配されているという。他方で、公的領域は、ポリスの領域として言い換えることができ、ポリスの領域は自由の領域であるという。そして、私的領域における必然を克服することが、公的領域における自由のための条件であるという。ここで確認しておかねばならないのは、公的領域と私的領域が二元的に語られていることである。したがって、一方で私的領域は、生命の再生産を担う家族であるといえ、他方で公的領域は、都市国家を成立させる政治体制であるポリスと言い換えることができることを踏まえて考えると、社会のあり方に規範を指し示すような自由な言論の場であったと理解でき、公的領域と私的領域ははっきりと分けられているのである。ただし、その場合の家族は、現代における家族と同義ではない。このことは以下で確認することになる。また、公的領域について強調しておきたいのは、アーレントにとって公的領

*アレント（1994）51

域において重要なことは、ひらかれていること、そして、共通の関心事をもつことである。このことは後に重要な意味をもつことになるので、記憶に留めておきたい。

しかしながら、現代社会において公的領域と私的領域の違いは不明瞭であるとアーレントは指摘する。その原因は、社会的なものの伸張であるという。では、アーレントのいう社会的なものとはなにか。アーレントは以下のようにいう。

社会というものは、いつでも、その成員がたった一つの意見と一つの利害しかもたないような、単一の巨大家族の成員であるかのように振る舞うよう要求するからである。**

アーレントのいう「社会」は、大きな「家族」であるという。ここでいう大きな家族という含意は、これまで家族の中で営まれていた経済が、「社会」という単位で営まれることを意味する。そこでは必然の領域が家族に制限されていた状態から、「社会」全体に行き渡ることになる。経済が社会全体に行き渡った結果、われわれは画一主義に陥るという。画一主義に陥った場合、われわれは経済の法則に従うようにして「行動」するようになる。引き続き、アーレントは以下のようにいう。

近代になって社会がどの程度の勝利を収めたかを考えてみよう。また社会が、最初は活動を行動に代え、最後には人格的支配を官僚制――無人支配――にかえた。***

*アレント（1994）75以降を参照。

**アレント（1994）62

***アレント（1994）69

ここで重要なのは、アーレントのいう「社会」がなにを指し示すのかということである。まずは「社会」が近代になって拡大されるようになった。そして、活動については後に述べるが、われわれの活動を「行動」に代えるということから、経済、なにより近代的な経済と考えれば市場経済を想起することができる。さらに、社会が人格的支配を、無人支配である官僚制に代えたと述べられている。すなわち、アーレントのいう社会とは、われわれがこれまで考察してきた市場経済と官僚制を指し示していることが理解できる。また、ここでいう無人支配というのは、まさにヴェーバーが述べたような人間を非人間化することが徳性であるような支配を指すことは言うまでもないだろう。

しかし、近代に入って発見されたものは、「社会」だけではない。それは、「親密なるもの」である。アーレントは以下のように述べている。

> 近代が親密さを発見したのは、外部の世界全体から主観的な個人の内部へ逃亡するためだったように見える。*

アーレントは古代ギリシアの奴隷までを含めた家族を私的領域と位置づけていたことから、この「親密なるもの」の象徴として現代社会では核家族が相当するように考えられる。その「親密なるもの」がなぜ発見されたかといえば、それは先の引用から敷衍して考えれば、「社会」、すなわち市場経済と官僚制が人間の内的なあり方にまで侵食することへの反抗、防衛のためである。市場経済と官僚制が拡大、深化していく過程における逃避の場として「親密なるもの」

*アレント（1994）98
この点は、第7章第4節も参照して頂きたい。

が見出されたといえる。

　社会的なものの興隆によって、画一主義*が蔓延してしまうと、人びとは市場経済の論理にしたがって「行動」するとともに、「親密なるもの」に逃避してしまう。この「親密なるもの」は、しばしば親密圏と呼ばれる。差し当たり、近代的な核家族、友人、パートナーとの関係を親密圏の具体的なあり方と理解できるが、現代社会において過剰に友人、パートナーを求める機運を踏まえるならば、アーレントの親密圏に逃避してしまうという議論も理解できよう。

　ここまでアーレントの社会をめぐる議論を見てきたが、一度アーレントが考えていた人間の活動力に視点を変えたうえで、ふたたび社会をめぐる議論に戻ってくることにしよう。アーレントは、『人間の条件』において、人間の営みである「労働」、「仕事」、「活動」の三つについて論じている。三つの人間の営みは大きく二つに分類できる。〈人間の自然に対する営み〉と、〈人間の人間に対する営み〉である。順に考えていこう。第一に、〈人間の自然に対する営み〉とは、労働と仕事である。労働と仕事を分類するのは、生命的な循環に従うか否かである。

　人間の身体は、日々食物を取り入れ、排泄している。そしてある一定の期間がたてば多くの細胞は新たな細胞に作り替えられている。同時に、いつかその身体は朽ちてしまうことになる。したがって、人間の身体は生命的な循環に依存しているといえる。そういった意味で人間は、他の動物、植物と同様に生命性を備えている。その生命的な循環の中で生産、消費されていく諸物を作り出すのが労働である。したがって、労働は主に、私的領域の中で営まれることになるが、そういった労働が近代に入って社会全体で営まれることになった。

　一方で、生命的な循環に必ずしも従うことのない諸物を作るのが仕事である。


*アーレントは以下のようにも述べている。「画一主義は社会に固有なものであり、それがうまれたのは、人間関係の主要な様式は行動が活動に取って代わったためである」（アレント（1994）65）。

仕事はすべての自然環境と際だって異なる物の「人工的」世界を作りだす。*

仕事によって作られた諸物は、生命的な循環に必ずしも従うことがないゆえに、個々の生命を超えて永続する。そうした諸物によって作り出された世界によって、われわれは生きているのである。思えば、人間だけは人間が作り出した人工的世界の中で生きている。他の生物と比較してみても人工的世界の中で生きることが人間の特殊性といえよう。

以上、人間の自然に対する営みである労働と仕事を見てきた。では、〈人間の人間に対する営み〉である活動について見てみよう。アーレントは以下のように述べている。

活動とは、物あるいは事柄の介入なしに直接人と人との間で行われる唯一の活動力であり、複数性という人間の条件、すなわち、地球上に生き世界に住むのがひとりの人間ではなく、複数の人間であるという事実に対応している。**

アーレントによれば、人間は活動、とくに言論にもとづく活動により、画一主義によらない人間の唯一性を見出せるという。その唯一性をもつ者の複数性が「複数の人間であるという事実」なのである。人間は、言論にもとづく活動によって、唯一性を手にすることになるのである。そして、活動は主に、公的領域の中で営まれることから、人間は公的領域の中でこそ唯一性を手にすることになるのである。

ここまで人間の営みである「労働」、「仕事」、「活動」の三つについて説明してきたが、ふた

*アレント（1994）19-20

**アレント（1994）20

たび、公的領域の説明に戻りたい。アーレントにとって公的領域において重要なことは、ひらかれていること、そして、共通の関心事をもつことである。そして、アーレントにとっては、公的領域の中でこそ人間は唯一性を手にすることができ、人間は複数性を備えることができるのである。こういった公的領域のあり方は、本章の文脈では公共圏に位置づく。しかし、現代社会において公的領域が失われていく中で、アーレントは以下のように述べている。

かれらは他人を見聞きすることを奪われ、他人から見聞きされることを奪われる。彼らは、すべて、自分の主観的なただ一つの経験の中に閉じ込められる。そして、この経験は、たとえそれが無限倍に拡張されても単数であることに変わりはない。*

社会的領域が拡大していく中で、われわれは他者とのつながりを失う。そして、主観的な経験の中に閉じ込められる。公的領域において担保されていた人間の複数性も失われ、画一主義に陥ることでわれわれは「単数」となってしまう。そのことは、本書の文脈から、言い換えれば、公共的理性を失い、内省的理性のみでわれわれは、内省を繰り返すことになってしまうのである。すなわち、理性が孤独な理性に転化してしまうのである。

第2節　システムと生活世界

ここまでアーレントの議論を見てきたが、アーレントとともに公共圏論、公共性論の文脈で

---

*アレント（1994）87

注目されるのが、ハーバマスである。ハーバマスは、幼少期を第二次世界大戦の中で過ごすことになり、ハーバマス自身もヒットラー・ユーゲントに所属していたと言われる。ハーバマスは、以下に述べていくように労働と対比的にコミュニケーションを捉え、コミュニケーションを強調する。そして研究上もコミュニケーションを重要視し、ルーマン、デリダ、そしてロールズと当代の代表的な研究者との討議を通じて自身の研究を研鑽していったといえる。

ハーバマスの議論は、第９章においても取り上げることになるので、ここではアーレントと同様に社会の構成概念と人間の営みに論点を絞って説明したい。ハーバマスは、社会を「生活世界」と「システム」にわけて捉える。またハーバマスは以下のように述べている。

> システムと生活世界を画する境界線は、大まかにいえば、一方における経済や官僚制的な国家行政というサブシステムと、他方における（家族、近隣関係、自由結社に支えられた）私的な生活領域と、（私人と公人とに支えられた）公共圏の二つをふくむもう一つの成果との間に引かれたことになる。*

社会を生活世界とシステムに分けたうえで、生活世界を公共圏と私的な生活領域、またシステムを経済と官僚制的な国家行政に分けて考えている。またそれとのかかわりの中で、人間の行為を「コミュニケーション」と「労働」に分けてみている。「生活世界の概念は、コミュニケイション的行為に対する補完的概念をなしている」**とハーバマスが述べているように、生活世界に対してコミュニケーション的行為が補完的な概念であると考えられている。同時に、シ

ユルゲン・ハーバマス（Jürgen Habermas：1929-）ドイツの哲学者。フランクフルト学派の第二世代に位置づけられる。

*ハーバーマス（1987）296〔下巻〕

**ハーバーマス（1987）17〔下巻〕

ステムに対して労働行為が補完的な概念であると考えられている。すなわち、システムに対して労働行為が、生活世界に対してコミュニケーション的行為が補完的な概念なのである。ハーバマスによれば、労働行為は目的合理的行為であり、対象に対して主体―客体関係を前提としている。したがって、コギト原理にもとづく労働が捉えられていると考えられる。他方で、生活世界と補完関係にあるコミュニケーション的行為は、対象に対して相互人格的な関係を想定しており、主体―主体関係を前提としている。コミュニケーション的行為は三点においてわれわれにとって不可欠である。第一にコミュニケーション的行為により了解が可能になることで伝統の継承と更新が可能になる。第二に社会的連帯が可能になる。第三にわれわれはコミュニケーション的行為によってアイデンティティを確立できる。

その社会と行為の側面を踏まえて、ハーバマスは人類の歴史において社会は生活世界として、人びとのコミュニケーション的行為によって基本的に再生産されてきたと考える。経済的、政治的機能も生活世界の中に埋め込まれていたが、近代以降、貨幣を媒介とした市場経済の資本主義的全面化と、権力を媒介とした国民国家の官僚機構を通じて生活世界からシステムとして分離・自立して、目的合理性や成果志向にもとづいて独自に機能し始めた。そしてシステムは、肥大化し続け、そのシステムの論理を生活世界に浸透させ、生活世界をシステムに従属させるに至った。その経緯をシステムによる生活世界の内的植民地化と呼んでいる。*

このハーバマスの指摘からも明らかなように、システムによる生活世界の内的植民地化こそが、近代以降の諸問題の源泉となっているといえよう。近年、強調される中では、格差の拡大や無縁社会などといった現代社会の諸問題も密接な関係があると考えられる。その中で、シス

*ハーバーマス（1985-87）

テムによる生活世界の植民地化をいかに防ぐか、あるいは、システムの生活世界への埋め戻しが克服への道であると考えられる。

第3節 〈公〉・〈共〉・〈私〉

また、日本で学際的に活発に議論され、社会に対する分析視角を提供しうる議論として、〈公〉・〈共〉・〈私〉をめぐる議論がある。以下、公共私論と記すこととする。

社会は、〈公〉と〈共〉と〈私〉に、分類、分析される。それぞれは、国民国家、行政システムとしての〈公〉、コモンズを所有、管理する共同体とＮＰＯやＮＧＯといった公共圏としての〈共〉、そして、企業、市場システムとしての〈私〉として把握される。* 公共私論は、各アクターの役割や各アクター間の関係が捉えやすく、将来社会を構想する理論として用いられ、論者が将来社会のあり方を積極的に提言していることが特徴である。ここでは、代表的な公共私論を概観することを通して、公共私論の社会に対する分析視角を確認すると同時に、今後の議論への示唆を得たい。

公共私論の主要な論者である広井良典は、近代以降の社会を、経済的機能と、ローカル・ナショナル・グローバルという三つの空間的規模、という二つの視点を含めて、〈公〉と〈共〉と〈私〉から分析して考える。〈公〉は、国民国家を基礎にするがゆえにナショナルな空間的規模であり、再配分をその経済的機能とする。〈共〉は、地域レベルのローカルな空間的規模であり、相互扶助にもとづく互酬性をその経済的機能とする。〈私〉は、市場が基本的に国境

*布施（2012）251-252を参照のこと。

をもたない性格であるがゆえにグローバルの空間的規模であり、交換をその経済的機能とする。

近代の過程の中で、一度〈公〉・〈共〉・〈私〉がナショナルな空間的規模に集約されるという事態を経ながらも、情報化、金融化の中で、上記のような構図になっている。そういった現状の中で、広井は新しい〈共〉のあり方を提言し、その新しい〈共〉がこれまでの〈公〉が担っていた役割のひとつ、たとえば福祉、を担うと同時に、〈私〉が、企業の社会的責任のようなかたちで、〈共〉の役割の一部を〈共〉とともに担うことを提言している。また、ここで強調しておかなければならないのは、新たな〈共〉が「伝統的な共同体（「共」）に対し、それがあくまで自律的な個人をベースとする、自発的かつ開かれた性格の共同体であるという点において異なる性格を持つものである」*とされている点である。ローカルな自治組織のあり方を強調する本書の立場からも広井の新しい〈共〉における共同体のあり方は示唆的である。共同体を重視しつつも、伝統回帰ではない、人間の自由を担保しえる新しい共同体を構想しなければならないのである。

しかしながら、世界システム論の場面で確認したようなグローバルな規模での市場経済の拡大をいかに食い止めるかが課題となっている現代社会において、空間的規模も含めて共同体だけでなく、公共圏を含めた〈共〉の役割を考えなければならない。このことは、第9章において考えることとなる。

---

*広井（2009）159

第4節　共同体と公共圏

以上、アーレントによる公的領域と私的領域の分類、ハーバマスによるシステムと生活世界の分類、そしてさまざまな論者によって〈公〉・〈共〉・〈私〉による分類をみてきた。ここまでの話をまとめると、下表のようになる。同列に並べている概念は、たとえばアーレントは労働を私的領域に位置づけているがハーバマスはシステムに位置づけているなど、異同はあるが大まかな理解を得ておきたい。まず、アーレントの社会的領域は、ハーバマスのシステムに対応する。それを公共私論では、〈公〉と〈私〉に分けて考える。本書の立場からすると、官僚制と市場経済に対応することになる。ハーバマスの生活世界は、アーレントによれば私的領域と公的領域とに分けられ、公共私論では〈共〉に位置づけられる。そこで本書では、アーレントの私的領域を共同体、公的領域を公共圏と位置づけて議論を組み立てていく。したがって、近代社会は、官僚制による国民国家、市場経済、共同体、公共圏によって構成されているといえる。

以下、ここまでまとまって議論をしてこなかった共同体と公共

表　社会の構成概念

	共同体	公共圏	市場経済	官僚制
アーレント	私的	公的	社会的	
ハーバマス	生活世界		システム	
	私的な生活領域	公共圏	市場経済	官僚制
公共私論	〈共〉		〈私〉	〈公〉

圏についてそれぞれ説明していきたい。

それぞれの説明に入る前に、強調しておかなければならないのは共同体と公共圏がともに、市場経済と官僚制から離れてあるということである。これまで説明してきたように、共同体と公共圏は、市場経済と官僚制とその存立の論理を異にする。したがって、共同体と公共圏は、機械論的世界観を前提とした市場経済と官僚制への対抗関係を形成することができる。対抗関係を作ることから、近代においては共同体と公共圏は市場経済と官僚制の拡大、深化を受けて、疎外されるに至った。しかし同時に、対抗関係を作りえるということは、市場経済と官僚制の縮減に寄与する可能性を内包するということでもある。そういった共通点を見たところで、共同体について考えていこう。

共同体は、具体的な生を共有することを契機とした同質性にもとづく人間のまとまりであるとする。同時に、その共同体としてまとまりうる人間の性質を共同性とする。具体的な生を共有することを契機とした同質性にもとづくことから、共同体の三つの性格を引き出すことができる。第一に、具体的な生を共有しない者、できない者への排他性である。共同体は閉じた領域であるといえ、同時に同質性にもとづくが故に、異質な者に対する排他性を内包している。これまでの歴史の中で、共同体が排他性や抑圧性を内包していたことはしばしば指摘されていることであるし、現代社会においてもゆがんだ共同性が種々のいじめの一因であることも指摘されている。第二に、人間の生命性の次元と対応しているがゆえに、人間の感情、感性といった認識能力と関連が深いことである。共同体においては、感情や感性を共有することが、その同質性の重要な要素である。たとえば、ある共同体に帰属するという帰属感情が共同体の構成員には求められる。第三に、コモンズを営むという性質である。コモンズとは共有地、入会地、里山・里海といった、私的に所有されるのではなく、共同体によって所有・管理される土地を指す。*コモンズは、共同体が具体的な生を共有するための重要な基盤であると同時に、重要な条件であった。以上、三つの共同体の性質を確認したが、共同体は決して過去の遺物ではなく、共同性を備える人間にとって共同体は、人間にとって根源的な意義がある。過去に戻るのではないかたちで、いかに人間の共同性を十全に発揮する領域を創出するかが求められている。

他方、公共圏は、具体的な関心を共有することを契機とした異質性にもとづく人間のまとまりであるとする。同時に、その公共圏としてまとまりうる人間の性質を公共性とする。具体的な関心を共有することを契機とした異質性にもとづくことから、公共圏の三つの性格を引き出すことができる。第9章において公共圏については、統治機構と市場経済との関係も含めて改めて論述することとなるので三つの性格を端的に述べるに留める。第一に、開放性である。関心を共有する者であれば、だれでも公共圏に参加することが可能である。第二に、異質性にもとづくがゆえに、感情、感性によるつながりをもてないことから、理性と関連が深い。公共圏においては、人間は考えることでつながるのである。したがって、公共圏は人間の意識的な〈個〉のあり方を前提としており、それは公共圏の登場を近代に至るまで待たねばならなかった理由でもある。第三に、公共圏は実態としてのまとまりが必ずしも固定的に存在するわけではないということである。共有する問題があれば公共圏は形成しうるが、共有する問題がなくなれば公共圏は形成できない。したがって、個々の問題に関連した公共圏は、問題が発生すると同時に立ち上がり、そして問題が解決されると同時に消えるといった側面をもっている。し

*コモンズについては、大倉（2016）を参照のこと。

かし、共有しうる問題は、単一であるわけではなく、常に複数存在することから、マクロに見れば公共圏は常に存在しているといえる。以上、三つの公共圏の性質を確認したが、公共圏は近代において登場し、そして疎外されている状況にある。したがって、現代社会の疎外された公共圏のあり方のみをみて、公共圏に悲観的になってはならない。疎外された公共圏をもって、公共圏の無意味さを強調することは、現代社会の軋轢を感じつつも、どうせ社会は変わらないとあきらめて、なかば積極的に現状を肯定していくことで一層、機械論的世界観を強固にしていく姿勢と軌を一にしている。

ここまで、本書の考える社会の構成概念を見てきたが、改めて、その構成概念に着目して社会の歴史的な動きを大きく見てみよう。前近代においては、まず社会は共同体としてあった。社会の単位は共同体であった。その場合、市場経済と官僚制は共同体に埋め込まれるかたちとしてあった。アーレントは以下のように述べている。

> しかし、封建制度下における世俗的領域のほうは、事実、古代における私的領域と完全に同じであった。世俗的領域に固有の特徴は、すべての活動力が私的な意味しか持たぬ家族の領域に吸収されるということであり、したがって公的領域が全く欠如しているということであった。*

ハーバマスの議論の中でみてきたことだが、古代ギリシアという特異な例をのぞいて、前近代の社会は、社会的なもの、すなわち市場経済と官僚制が未成熟であっただけでなく、公的領域

*アレント（1994）55

が欠如し、私的領域としてあったといえる。すなわち、本書の議論からいえば、前近代社会は公共圏が欠如し、共同体としてあったといえる。

そして、社会的な〈個〉と意識的な〈個〉の成立を契機として、市場経済と官僚制の共同体からの分離がなされると同時に、公共圏が成立することとなる。したがって、共同体の縮減のはじまりと公共圏の拡大のはじまりは同時になされることとなる。共同体の縮減によって登場したのが親密圏であるが、アーレントが以下のように述べている。

> 親密なるものは私的領域にとって代わる代用物としてはあまり頼りにならない。*

親密圏は、私的領域の、すなわち本書における共同体の代替物ではあるものの、共同体の縮減したあり方であるといえる。この点は、終章において改めて考えることとなる。

しかしながら、市場経済と官僚制のあくなき拡大は、共同体の縮減を一層強めるだけではなく、拡大しつつあった公共圏を逆に縮減させ、疎外させることとなる。さらには、市場経済の拡大を前に、市場経済と官僚制との緊張関係も希薄化し、官僚制が市場経済の横暴を追認している。

---

*アレント（1994）100-101

第三世界の女たちからすると、科学や開発における思考と行動の様式は、いわれるほどには普遍的なものではないし、すべての人間を包み込んだものではない。近代の科学と開発は、歴史的にも、思想的にも、男性起源、西欧起源の企みであって、自然と全人類の絶滅をせまる家父長制イデオロギーの、もっとも新しく、もっとも残忍な表現である。

（ヴァンダナ・シヴァ）

第8章
正義とケア

第1節　正義

正義について語る場合、避けては通れない人物がいる。ジョン・ロールズである。ロールズは、一九七一年に出版された『正義論』によって大きな注目を浴びることとなる。まずは、ロールズと一九六〇年代の世相を見ていこう。ロールズは、一九四三年にアメリカ陸軍に入り、一九四六年に除隊する。その三年間に、占領軍として広島を訪れていたことも確認しておきたい。その後『正義論』を執筆するにいたるまでの、とくに一九六〇年代のアメリカは、顕著に異なる価値が衝突していた時代であったといえる。ひとつに公民権運動である。人種間格差を是とする立場と非とする立場の激しい衝突である。その他にも、一九六〇年代は長引くベトナム戦争とその世界的な反戦運動や、一九六八年が象徴的に語られる、世界で同時に起こった学生闘争、その他環境運動、フェミニズム運動など異なる価値観の衝突が多面的に起こっていた。そういった時代背景を踏まえて、ロールズが『正義論』を著すこととなった。ここでは、ロールズの議論を二つの視点から見ていく。第一にロールズの〈公正としての正義〉について見ていく。具体的には、ロールズのいう「基本的自由」を踏まえて、正義の二原理について確認していく。そして第二に、その正義の二原理の導出の過程を見ていく。この第二の論点が後の議論を見ていく中でも重要となる。

『正義論』におけるロールズの目論見は、「ロック、ルソー、カントに代表される社会契約の伝統的理論を一般化し、抽象化の程度を高めること」*であった。そのことによって、功利主義

ジョン・ロールズ（John Rawls：1921–2002）アメリカの哲学者。

*ロールズ（2010）xxi

に代わる、〈公正としての正義〉という正義の理論のひとつを提示する。〈公正としての正義〉は、正義の二原理として具体的に示される。そして同時に強調しておかなければならないのは、ロールズは、社会の基礎構造を主題としたということである。したがって、正義に適った社会とはなにかということがさしあたりの問題となる。その場合の社会とは、「相互の相対的利益（ましな暮らし向き）を目指す、協働的企て」であると説明される。[*]各々が一人ひとりの力で暮らしていくより、みんなで暮らした方がましな暮らしができる。しかし、そのさいにみんなで暮らす場合の利益の配分をどうするかが問題となるが、みんなで暮らす場合の利益を配分する社会の基礎構造を選択する基準が必要となる。その社会の基礎構造を選択するかの基準について、ロールズは〈公正としての正義〉であるとする。そこで以下、ロールズの〈公正としての正義〉について見ていく。ロールズはいう。

社会のすべての構成員は正義もしくは（ある言い回しを借りれば）〈自然権〉に基づいた不可侵なるものを有しており、他の全関係者の福祉〔の実現という口実〕を持ち出したとしてもこれを蹂躙することはできない。[**]

第5章第1節において紹介した社会契約論の先達たちが、人間は統治機構が成立する以前に自然権を備えていると論じたのと同様に、ロールズも「不可侵なるもの」を有しているとしている。ロールズのいう「不可侵なるもの」とは、より具体的には「基本的自由」と呼ばれる。とくに重要なものとしてロールズは以下のように大きく七つを基本的自由として並べている。

*ロールズ（2010）7

**ロールズ（2010）40

〈政治的な自由〉（投票権や公職就任権）
〈言論および集会の自由〉
〈良心の自由〉
〈思想の自由〉
心理的抑圧および身体への暴行・損傷からの自由（人身の不可侵性）を含む〈人身の自由〉
〈個人的財産＝動産を保有する権利〉
法の支配の概念が規定する〈恣意的な逮捕・押収からの自由〉

これらの基本的自由を踏まえたうえで、ロールズの主張する正義の二原理を見ておこう。まず、その基本的自由に対する平等な権利を、各人がお互いに自由が両立するかぎりにおいて保持すべきというのが正義の第一原理である。次に、社会的・経済的不平等は、最も不遇な人びとにとって最大の有利にはたらく限りにおいて許容され、同時にこの社会的・経済的不平等は公正な機会均等の結果であることが正義の第二原理である。この正義の二原理はいかなる状況で導出されるのか。

公正としての正義の内容と同時に強調しておかなければならないのは、公正としての正義の導出される状況である。どのような状況下で公正としての正義を導き出すことができるのだろうか。ロールズは、「合意されるどのような原理も正義にかなうよう公正な手続きを設定することをねらって」「原初状態」という「純粋に仮説的な状況」を設定する。*「原初状態」においてわれわれは公正としての正義のあり方について論じる。その場合、われわれは「無知のベール」

*ロールズ（2010）184

に覆われているという。[*] 無知のベールに覆われているわれわれは、社会における境遇、階級上の地位、社会的身分、もって生まれた資産・能力・知性・体力、またはそれらの配分といった特定の事実を知らない。われわれはそういった原初状態に、相互に利害関心をもたない合理性をもって挑むのである。そういった状態でこそ、公正な手続きにもとづいて公正としての正義が導出可能であるとする。そして、そういった状態においては、正義の二原理が導出されるだろうとするのである。

このロールズの議論は、一方でリバタリアニズムの立場からの批判がありながらも、他方でマイケル・サンデルなど、後にコミュニタリアニズム[**]として捉えられる共同体志向の議論からの批判が活発に行われた。サンデルが、ロールズの個人概念はさまざまな文脈を無視している「負荷なき自己」として捉えられると批判し、その批判から多様な議論がなされた。本書においては、ロールズが基本的自由を強調したことや、「最も不遇なひとびと」に対する理論構築を目論んだことなどその理論的貢献は踏まえつつも、ロールズの設定する原初状態における人間のあり方を問題として取り上げたい。

原初状態において人びとは、相互に利害関心をもたない合理性をもっているという。相互に利害関心をもたないということは、もっぱら個々の利害関心に専心することとなる。言い換えれば、各々の暮らしをよりよくすることのみを合理的に考えるということになる。このように人間同士の相互性を廃し、人間の独立性を前提とする人間のあり方は、近代的個人、すなわち意識的な〈個〉と社会的な〈個〉のあり方を前提としているように考えられる。そのように考えるならば、機械論的世界観の帰結と同様の結論が待っているといわねばならない。したがっ

---

*ロールズ（2010）18

マイケル・サンデル（Michael Sandel は：1953-）アメリカの政治哲学者。

**コミュニタリアンに位置づけられるチャールズ・テイラーについては、大倉（2012b）を参照のこと。

て、ロールズについては、本書の立場からすれば、近代的個人を再興することを試み、機械論的世界観の変革には道半ばであったと言わねばならない。

第2節　正義の倫理とケアの倫理

しかし、だからといって、公正としての正義の可能性がすべて絶たれたわけではない。現代社会のように、世界がまさにひとつの世界としてグローバル化が進んでいる社会においては、むしろすべての人間に妥当性をもちうる正義を創出することが喫緊の課題としてあるといってよい。したがって、ロールズとは異なる仕方で正義を模索しなければならない。ロールズの理論的な問題点をもう一度確認するならば、それは公正としての正義を導出する状況、原初状態という仮説的な状況にあったといってよい。より詳しくいえば、公正としての正義を導出する状況において前提とされた個人は、相互に理解関心をもたないばかりか、さまざまな社会的な文脈がはぎ取られた〈個〉的な存在であった。それを本書の文脈に位置づければ、意識的な〈個〉と社会的な〈個〉から説明する近代的個人のあり方であるといってよい。つまり、反省すべきは正義ではなく、正義の導出状況における近代的個人のあり方なのである。

正義の基底に、近代的個人のあり方があることにラディカルな批判を加えたのがケアの倫理*と呼ばれる一連の議論である。そこで、近代的な個人のあり方への批判としてケアの倫理の議論を見ていきたい。ethics of care、すなわちケアの倫理は、キャロル・ギリガンの一九八二年に公刊された『もうひとつの声』によって位置づけられた概念である。ギリガンがケアの倫理

*ケアの「倫理」については大倉（2015a）を参照のこと。

キャロル・ギリガン（Carol Gilligan：1937-）は、アメリカの心理学者、倫理学者。

を主張するまでの経緯を、本書の議論に関わる部分に関して簡単に紹介したい。ギリガンの問題意識は、ローレンス・コールバーグの道徳発達理論に対する疑問から立ち上がってきた。コールバーグの道徳発達理論は、人間一般について論じているはずだが、女性に当てはめて考えてみるとうまく説明することが困難になることが多かった。そこで、実はコールバーグの道徳発達理論は、男性中心主義に陥っていたのではないかとギリガンは考えた。そして、改めて研究を重ねる中で、「人びとが道徳について語るときの語り方に二通りあるということ、また他人と自己との関係を述べるときの述べ方に二通りあるということに気がついた*」という。コールバーグが説明しようとしていた道徳性は、ethics of justice、すなわち「正義の倫理」であり、ギリガンはもう一通りの「ケアの倫理」を主張することとなるのである。このギリガンの問題提起は、議論を呼び、発達心理学の分野のみならず、フェミニズムや倫理学など広範な分野において活発に議論が行われることとなった。ここで注意を促しておきたいことは、男性は「正義の倫理」をもち、女性は「ケアの倫理」をもっているというような単純な性差による固定した決定論を、ギリガンが主張したのではないということである。人間発達は、「二つの異なる様式の経験の統合」にこそ見える。これこそがギリガンの主張の要なのである。ギリガンはまたこうもいっている。

女性の人生のもつ別の現実がみえず、女性の声のなかに異なるものがあるのをききとれない一つの理由は、社会的経験や解釈には、単一の様式しかないのだと仮定してしまうことにあります。代わりに、二つの違った様式をおいてみることにより、われわれは、

ローレンス・コールバーグ（Lawrence Kohlberg：1927-1987）アメリカの心理学者。

*ギリガン（1986）ix

人間経験のもっといりくんだ表現に出会えるのです。*

言い換えれば、これまで「正義の倫理」でもっぱら話がなされてきたが、「もうひとつの声」がそこにはたしかにあるのだ。そして、それこそが「ケアの倫理」であり、この二つの倫理のあり方を踏まえることによってより深くその内実に迫れると主張しているといえよう。

ではここで、これまで「ケアの倫理」と「正義の倫理」の中身には立ち入らずに議論を進めてきたので、両者はギリガンにおいていかに語られていたかを概観することで、中身に立ち入った議論をしていきたい。

少し長いが、ギリガンが「ケアの倫理」と「正義の倫理」を対照的に論じている二つの文章を引用したい。

その概念においては、道徳の問題は、競争関係にある諸権利よりは、むしろ葛藤しあう諸責任から生じてくるのであり、その解決には形式的で抽象的な考え方よりも、むしろ前後関係を考えた物語的な考え方が必要とされることになります。この思いやり行動にかかわる道徳の概念は、公正にかかわる道徳の概念が道徳性の発達を権利や規則の理解に結びつけているのと同様に、道徳性の発達を責任と人間関係を中心とするものとしています。**

分離をとおして特徴づけられる自己と、結びつきを通して特徴づけられる自己との対照が、あるいは欠点がないという抽象的理想に照らして測定される自己と、思いやりとい

*ギリガン（1986）304-305

**ギリガン（1986）25-26

う特別な行動をとおして評価される自己との対照が、ここでよりいっそう明らかになってきます。*

これらからいえることは、「ケアの倫理」では、人間関係を中心に考え、前後関係を考えた物語的な考え方が志向されている。そして、コミュニケーションに支えられている結びつきのネットワークがあり、そこには他者との結びつきを通して特徴づけられる自己が存在しているということである。すなわち、他者とのかかわりを基礎にした人間観がそこにはある。他方、「正義の倫理」では、道徳の問題を競争から生じるものと考え、問題を個人から切り離す考え方が志向されている。そして独立した個人間の関係から問題を抽象化し、抽象的理想に照らして測定される自己が存在しているということである。すなわち、そこでは機械論的人間観が前提とされていることが理解できよう。

正義の倫理が背景にもつ人間観について今一歩踏み込んで議論したい。ギリガンの主張から読み取れる、正義の倫理が背景にもつ人間観からは容易に機械論的人間観が想起される。したがって、ギリガンの考える正義の倫理には、これまで論じてきたような功利主義、義務論、ロールズの公正としての正義も含まれていることが理解できよう。

しかし、ギリガンが論じているケアの倫理における人間関係は、共同性について論じているように思われる。そうなるとケアは共同性にもとづく行為であり、一方で第3章第1節で論じたように倫理は理性の次元に位置づくことから、ケアのもっている規範性は、倫理に属する規範性ではないといえる。したがって、ケアは直接的には正義につながらないのではないだろう

*ギリガン（1986）58

か。これらの問いを第3節で考えてみたい。

第3節　ケアの「倫理」への批判

まず、共同性は、第7章で確認したように、具体的な生を共有することを契機とした同質性にもとづく人間のまとまりである共同体としてまとまりうる人間の性質であった。ケアは、そういった共同性にもとづく行為なのではないかという問いを、「ケア」についてのメイヤロフと、ノディングスの議論を見ていく中で考えていきたい。その場合、メイヤロフの議論を通して同質性にもとづくということ、そしてノディングスの議論を通して具体的な生を共有することの二つのポイントを確認しながら考えていこう。

ミルトン・メイヤロフは、一九七一年に『ケアの本質』（原題：*On Caring*）を著した。その冒頭でこのように述べている。

> ケアする対象を、私自身の延長のように身に感じ取る。*

ここではケアする対象に対して、私自身の延長のように感じる、すなわち、ケアする対象と同質性を備えていると感じることが述べられている。なぜなら、私自身と全く同質性を見出せない異なる存在に対して、私自身の延長のようには考えられないだろう。たとえば、目の前にお腹を抱えてうずくまっているひとに対して、あなたがお腹を抱えてうずくまる場合はお腹が

ミルトン・メイヤロフ（Milton Mayeroff：1925-）アメリカの哲学者。

*メイヤロフ（1987）18

痛いときだから、目の前のひともお腹が痛いのだろうという同質性を前提とした類推が働くことからケアが始まるからである。この類推こそがメイヤロフのいう「私自身の延長」であろうと理解できる。したがって、ケアには、対象との同質性が前提とされていることがわかる。この理解は、先のギリガンの「ケアの倫理」の背景となる人間観と関連させて考えれば、重要であることが理解できよう。すなわち、異質性を備えた〈個〉としての人間ではなく、ケアを通じて他者との結びつき、すなわち同質性を前提とした人間がそこにはあらわれている。したがって、個々の独立性を強調する、人間の実体としてのあり方を前提とする機械論的人間観との差異が明らかになるだろう。ケアする対象は、コギト原理によって導出される他者ではない。また、メイヤロフは以下のように述べている。

> 私はこれまでケアの対象を、この他者と呼んできた。しかしケアすることとの実際場面では、ケアの対象はどれでもよい一般的なものではなく、いつも特定の誰かであり、特定の何かである。*

メイヤロフのケアの対象である他者は、コギト原理で導出されるような他者ではないことは先の引用の考察からも明らかであるが、ここではより一歩踏み込んでいる。ギリガンのいう正義の倫理ではむしろ他者と一線を引くことが求められ、あくまで抽象的に考えることが求められた。大胆にいえば、正義の倫理における他者は、だれでもよいだれかということになる。ケアにおける他者、あるいはケアの対象は、だれでもよいだれかではなく、いつも特定のなにか、

*メイヤロフ（1987）27

だれかなのである。そして、その特定のなにか、誰かと私自身が同質性を備えていることが前提とされているのである。ノディングスの議論に移る前に、メイヤロフの議論からもう一点重要な点を確認しておきたい。メイヤロフは以下のようにいう。

相手をケアすることにおいて、その成長に対して援助することにおいて、私は自己を実現する結果になるのである。*

われわれはケアを通して、自己実現するというのである。自己実現とは、自己の可能性を発露させることである。比喩的に言うならば、自己の可能性を開花させることである。個々の人間が、それぞれに自己の可能性を開花させるということは、個々の人間の唯一性を創出させることにつながる。後にもう一度まとめることになるが、ケアという同質性にもとづく営みから、人間の異質性が創出されるのである。

他方でノディングスは、一九八四年に著した『ケアリング』の冒頭において、以下のように述べている。

ケアするということは、心的状態、つまり、なにかや、だれかについての、心配や、恐れや、気づかいの状態にあることなのである。**

本書の文脈から理解するならば、他者、ないしはケアの対象に対するわれわれの心配や恐れ、

---

*メイヤロフ（1987）69

ネル・ノディングス
(Nel Noddings：1929-)
アメリカの哲学者。

**ノディングス（1997）13-14

そして気づかいの状態といった具体的な生の次元に属する心的状態にあることがケアであるとしている。たとえば、心配するということを取り上げて具体的に考えてみよう。心配するとは、目の前の辛そうな他者、怪我や病気で痛そうにしている他者に対して、私自身も同じ状況だと辛いだろうし、痛いだろうと気にかけるということである。したがって、心配する事柄は、辛い、痛いなど、人間の生命性に関わるゆえに具体的な生の次元に属する事柄であることがわかる。同時に自らが、目の前の辛さや痛みをもった他者と同じ状況におかれた場合を想定して、よく考えれば他者が自らと同様に辛さや痛みを感じるかどうかは定かではないにもかかわらず、辛いだろう、痛いだろうと想像する。このことから、自らと他者が同質性を備えていることも前提となっていることが、ノディングスの議論からも類推できる。

以上、メイヤロフとノディングスの議論を見てきたが、改めてまとめよう。ケアは、他者、ないしはケアの対象に対するわれわれの心配や恐れ、そして気づかいの状態といった具体的な生の次元に属する心的状態であった。そして、その場合、ケアの主体とケアの対象は、コギト原理で説明されるような主体と客体の関係ではなく、同質性を前提とした関係であるといえる。したがって、ケアは、共同性の次元にあることが理解できよう。倫理は、意識の能力である理性にもとづかねばならなかった。そのような立場に立つならば、ケアのもっている規範性は、倫理に属する規範性ではなく、共同に属していると言わねばならない。しかし、だからといってケアが劣っていると結論づけるのは早計である。ケアはわれわれにとって生命性の発露であると同時に、意識性への階段を用意する。先にケアという同質性にもとづく営みから人間の異質性が創出されると述べた。現段階の考察を踏まえて言い換えれば、共同性にもとづくケアから、異質性が創出されるということである。先の議論を踏まえれば、同質性が共同性に関わるとするならば、異質性は公共性に関わる。すなわち、ケアという同質性にもとづく営みから人間の異質性が創出されるとするならば、共同性は公共性の契機になるということができる。人間は共同性を備えてこそ、公共性を備えることができるのである、このことを社会の次元で言い換えれば、共同体を基盤として公共圏が成立しているということである。

考えてみれば、共同体を基盤として公共圏が成り立つことは自明かもしれない。社会問題として、さまざまに社会の軋轢が現象する場面は常にわれわれの生活空間において、である。すなわち、社会の軋轢は共同体において現れるのである。飢え、貧困、病、自然破壊どれをとっても社会の軋轢は共同体において現れる。その生活空間での困苦が、公共の議論の出発点でなければならない。われわれの生活空間での困苦を、公共的に解決しようとし、議論は出発するのである。ひろく議論を行うということは、生活空間を共有していないひとたちも含めて議論を行うということである。しかし、そういった人びととも問題関心を共有することで、まとまって議論を行う。そういった議論、そして活動を通して、われわれは市場経済と官僚制に規範を指し示すのである。生活空間での困苦という議論の出発点を失っては、その議論は空虚になってしまうだろう。われわれは共同体の中で悲喜交々の感情を共有し、それをてこに公共圏において理性的な討議をするのである。

第4節　正義の行方

これまでロールズの正義のあり方を論じる中で、正義を導出するうえで近代的個人を前提としていることに理論的な難点を見出した。ここまで論じることで、そのロールズの理論的難点に対する克服の方途を見出すことができよう。

ロールズが前提としたように、近代的個人を前提としてしまうことは、機械論的世界観の再生産に資することになる。その帰結は現段階においては言うまでもないだろう。しかし、人間が意識的であること、すなわち意識性を備えることはわれわれが公共性を備えるうえで欠かすことのできない契機であるといえる。したがって、ロールズの難点を克服するためには、人間の意識性を守りつつどう近代的個人のあり方を克服するかという隘路を突破しなければならない。しかしながら、その克服のための理論的な道具立てはすでに揃っている。

人間の意識は、意識的な〈個〉といったように実体として存在するのではない。ケアの議論で確認したように、人間の共同性を契機として意識性は創出されるのである。言い換えれば、人間の共同的な関係の網の目の中でこそ、人間の意識は立ち上がるのである。その共同的な関係の網の目の中で立ち上がった意識は、人間の異質性の根源となる。意識によって人間の異質性が担保されるがゆえに、われわれはあたかも、そもそも独立性を備えているかのように思うのである。独立性を備えているかのように思う意識を捉えたのがコギト原理であると言い得る。コギト原理によって導出されたあたかも実体として考えられる意識の背景には、人間の共同的な関係の網の目があるのである。

また、意識の能力である理性に関して考えてみても、理性はその成り立ちから考えても他者との関係を抜きに考えることができない。したがって、理性は、公共的理性としてのあり方と内省的理性としてのあり方を備えているといえよう。

こういった共同性を基礎にした意識性を備えた個人のあり方を脱近代の社会を考えるうえでの出発点にしなければならない。しかしながら、言うまでもなく、現代社会において、アーレントの表現を借りるならば、共同体の代わりといっては頼りない親密圏以外に共同性を見出しづらく、そのような状況下で共同性を基礎にした意識性を備えた個人のあり方といってもリアリティに欠けるかもしれない。したがって、どのような社会が、共同性を基礎にした意識性を備えた個人のあり方を守りうる社会なのかについてわれわれは考えなければならない。その際に、ロールズがどのような社会の基礎構造を選択するかの基準が公正としての正義であるとしたことに倣って、これからの正義の行方に関して若干言及しておくこととする。

脱近代の正義は、さまざまな価値観の衝突を理性的に調停することを通して繰り返し見出される規範の共通点の中に見出される。公共圏は、市場経済と官僚制の外側にあって、市場経済と官僚制に対して規範を指し示すことが求められるとされた。その規範となるのが、正義である。そして、世界システム論において確認したように、グローバルに市場経済と官僚制を駆動力とした自動機械に統御されている現代社会において、市場経済と官僚制に対して指し示す規範となるべき正義は、真に倫理的でなければならない。ここでいう倫理的でなければならないという倫理は、これまで述べてきたように、異なる価値観を理性によって調停することを通して見出される、諸個人、諸共同体に普遍的に妥当する可能性を含んだ規範であり、問題解決に必要なだけの最小限の規範である。真にというのは、われわれは現代社会においてはじめて諸個人、諸共同体に普遍的に妥当する可能性を含んだ規範、すなわち倫理に到達する地平を得たという意味である。さまざまな場所で、さまざまな問題が同時多発的に起こっている。そのような問題の解決を目指して、さまざまな解決策がとられることになるだろう。言い換えれば、さまざまな問題に対して、さまざまな規範が指し示されることになる。そのさまざまな個々の規範が妥当するのは、そのさまざまな場所で、さまざまな問題に関わっている人間のみである。したがって、そのさまざまな個々の規範は、諸個人、諸共同体に普遍的に妥当する可能性を持ち合わせていないがゆえに、そのまま真に倫理的な正義とは言い得ない。しかし、われわれが人類として、共通する性質を持ち合わせているとすれば、個々の規範の中に共通する規範を持ち合わせているといえよう。その個々の規範の中にある共通する規範こそが、真に倫理的な正義である。しかしながら、この真に倫理的な正義も、固定的なものではなく、常に書き換わる可能性がある。真に倫理的な正義が、真に倫理的であるためには、将来世代を含めた正義でなければならない。したがって、常に消えては立ち上がるさまざまな問題の解決の中で、正義は常に検証、修正されていかなければならないのである。

　現代社会において、人間を殺めることをもって正義とする言説もある。人間を殺すべきではないという規範すら、正義となっていない。そのような戦争や死刑が正義の名のもとに行われる現代社会においては、真に倫理的な正義を模索することもままならず、真に倫理的な正義を基準とした社会構造を模索することなど夢のような話に思われるかもしれないが、世界システムとしてグローバル化された現代社会においては真に倫理的な正義と真に倫理的な正義を基準とした社会構造が求められている。

自由な政治的文化およびそれに応じた社会化範型のコンテクストにおいて、あるいは、無傷の私事性という基盤のうえにおいて、はじめて、市民の活発な市民社会は十分に作りあげられる。——つまり、そうした市民社会は、すでに合理化された生活世界においてのみ発展しうる。そうでない場合には、資本主義的近代化によって危機に瀕した生活世界の硬直した伝統を盲目的に擁護するポピュリズム的運動が発生する。

（ハーバマス）

第9章 グローバルな社会へ

第1節　グローバルな公共圏*

将来の社会構造を構想することを改めて、機械論的世界観の批判という視点から考えてみたい。機械論的世界観による世界を縮減して、機械論的世界観の拡大によって見えにくくなっている世界観と世界をわれわれの生活に取り戻さなければならない。しかし、ここで留まってはならない。ここに留まってしまうことは、過去に戻ってしまうことを意味する。したがって、機械論的世界観の拡大によって見えにくくなっている世界観と世界をわれわれの生活に取り戻すことを通じて、その世界観と機械論的世界観を止揚することによって脱近代の世界観を模索しなければならない。しかし、まずは機械論的世界観による世界を縮減することを目指さなければならない。

機械論的世界観による世界を縮減するためには、より実践的には世界経済としての世界システムを克服しなければならない。世界経済としての世界システムは、格差を再生産しつづけることで人間の危機をもたらし、同時に自然を徹底的に破壊し尽くすことで環境の危機をもたらす。それゆえに、世界経済としての世界システムを克服することは、人間の危機と環境の危機が横たわる現代社会の諸問題を克服することと等しい。世界経済としての世界システムは、グローバル市場経済とそれを支える統治機構である国民国家を両輪として駆動しているといってよい。世界経済としての世界システムが自動機械として拡大再生産を繰りかえし、人間と自然を、自動機械としての世界システム自身の拡大再生産という目的に対する手段とするのである。

*グローバルな公共圏については、大倉（2015b）を参照のこと。

機械論的世界観による世界を縮減することが求められ、より実践的には世界経済としての世界システムを克服しなければならず、その世界経済としての世界システムがグローバル市場経済とそれを支える統治機構である国民国家を両輪として駆動しているとすれば、グローバル市場経済と国民国家への対抗を考えていくことが、世界経済としての世界システムの克服に、そして機械論的世界観による世界を縮減することにつながる。したがって、グローバル市場経済と国民国家が理論的な課題として浮かび上がることになる。

トマ・ピケティは、二〇一三年に公刊された『21世紀の資本』において、以下のように述べている。

> 資本税の主要な目的は、社会国家の財源をまかなうことではなく、資本主義を規制することなのだ。狙いは、まず富の格差の果てしない拡大を止め、第二に危機の発生を避けるために金融と銀行のシステムに対して有効な規制をかけることだ。この二つの目的を果たすため、資本税はまず民主主義的、金融的な透明性を促進しなければならない。*

資本税の目的は、グローバル市場経済を規制することであると理解できるだろう。問いをより具体化するために、もう少しピケティの議論を見ていこう。さきの引用の中で、「資本税はまず民主主義的、金融的な透明性を促進しなければならない」とされていたが、より具体的には「資本課税は政府に対し、銀行データの自動共有をめぐる国際合意の明確化と拡大を強制する」。** そして、以下のようにつづける。

トマ・ピケティ（Thomas Piketty：1971-）フランスの経済学者。

*ピケティ（2014）542-543

**ピケティ（2014）545

まともな結果を得るほぼ唯一の方法は、銀行だけでなく、自国内の金融機関に必要情報の提供を義務づけない国々に対しても自動制裁を加えることだろう。*

資本税は、銀行データの共有を促し、それは一国に収まることではなく、納税者の外国銀行で保有されている資産の情報も含めることとなる。そして、銀行ないしは金融機関の情報の民主主義的な透明化の必要を求めることになる。さらには自国内の金融機関に情報の共有を義務づけない国々に制裁を加えるという。

本書のこれまでの議論を踏まえてまとめるならば、以下のようになる。仮にピケティのいうような資本税がグローバル市場経済に対抗しうる有効な手段のひとつであるならば、二つのことが必要であることが浮かび上がる。第一に、現在の国民国家を超えたグローバル統治機構を実質化することである。個々の国民国家に自国内の銀行ないしは金融機関の情報の提供を求め、その銀行ないしは金融機関の情報を管理し、情報の提供を阻害する国民国家に対して制裁を加えうるような統治機構が求められる。市場経済が、世界システム論で論じられていたように、グローバルな規模で国境を簡単に飛び越えていくならば、現在の統治機構がナショナルな規模の国民国家に限られているあり方を脱し、グローバル市場経済に対抗しうる、グローバルな規模の統治機構、すなわちグローバル統治機構を模索しなければならない。第二に、民主主義的な透明化を図ることを通じてグローバル市場経済ならびにグローバル統治機構に対抗しうるグローバルな公共圏を実質化することである。ふたたびピケティの議論に戻るが、ピケティによれば、「今日の世界が直面している大問題―社会国家の未来、新エネルギー源への転換費用、途

*ピケティ（2014）548

上国の国家構築など―について、理性的な論争を行うのはとてもむずかしい」*という。すなわち、公共圏の構築がむずかしいという。それは何に起因するかといえば、それは世界の富の分布があまりにも不透明なままであることにあるという。民主主義的な透明化を図ることを通じて、グローバル市場経済ならびにグローバル統治機構に対抗しうる、グローバルな規模の公共圏、すなわちグローバルな公共圏を構築できるのである。

第二の点について、敷衍して考えてみると、現代社会は銀行ないしは金融機関の情報に関して信頼できる情報をわれわれは持ち合わせてはいない。したがって、グローバル市場経済に対する対抗しうるグローバルな公共圏は、疎外されているばかりか信頼できる情報という条件すら与えられていないのである。このことからわかることは、公共圏には〈公〉的な信頼できる情報が不可欠であるということである。言い換えれば、統治機構による情報が公共圏の成立条件となる。したがって、公共圏は、規範を指し示すという意味では統治機構に対抗しつつも統治機構をその成立の条件にしているのである。この点については、第4節において改めて考えることとなる。

第2節　グローバル統治機構

統治機構のあり方を考える場合、ナショナリズムかコスモポリタニズムかという対置でしばしば論じられる。大胆にいえば、国民国家を唯一の統治機構のあり方とするか、国民国家を無用の長物であるとするかという対立である。第1章でも取り上げたヌスバウムの議論を紹介す

*ピケティ（2014）543

ることで、ナショナリズムとコスモポリタニズムの論争のひとつの局面を見てみよう。

ヌスバウムは、愛国的な誇りを強調することは道徳的に危険であるばかりか、愛国主義が守ろうとしている、正義と平等という価値ある道徳的理想に国民が一体となって献身するという目標を破壊してしまうことになると、アメリカにおけるナショナリズムを批判する。アメリカにおけるナショナリズムの言説は「アメリカをその他の世界と結びつける責務や義務の絆について考察するのではなく、国境によって限られた内向きの課題を提出している」とされる。同時に、そういった言説の中で論じられた主要な対立は、「民族的、人種的、宗教的差異に基づく政治と、共有された国民的アイデンティティに基づく政治の間にあった」という。[*] 引き続き、ヌスバウムは以下のようにいう。

> われわれが理性的であると同時に、相互依存的な人類として共有するものは、まったく議題に上がってこなかった。[**]

本書の立場から理解すれば、アメリカのナショナリズムの言説は、世界システムにおける中核、とくにヘゲモニー国家であるアメリカが、周辺を抑圧することで成り立っているにもかかわらず、そのことに配慮しないばかりか、アメリカ国内のさまざまなかたちで表出する格差にも配慮しないことをヌスバウムは指摘していると考えられる。アメリカ人であることを越えて、人類として、あるいは理性的な人間としてあることを考慮していない、とアメリカにおけるナショナリズムを批判する。このようなヌスバウムの主張は、ヘゲモニー国家ではないまでも自

*ヌスバウム（2000）20-22

**ヌスバウム（2000）22

由な労働を享受しているという意味において世界システムの中核に属する日本においてもあてはまるだろう。

このようにヌスバウムは、愛国主義への批判を通して、世界市民、すなわちコスモポリタンとしてのあり方を強調する。このように統治機構のあり方を考える場合、国民国家の国民であることをことさら強調するか、世界市民であることを強調するかと二元的な議論が繰り返されている。

しかしながら、コスモポリタニズムの陣営にはありつつも、ヌスバウムの議論には注目すべき点がある。それはローカルへの視点である。そもそもコスモポリタンとは、特定の国家に帰属せず、宇宙を意味するkosmos《コスモス》と、市民を意味するpolites《ポリテース》からなる、コスモポリテース、すなわち世界市民を意味する。ヌスバウムは、ストア派の哲学者に寄り添いながら、コスモポリタンを擁護するわけだが、以下のように述べている。

ストア派の哲学者たちは、世界市民であるためには、ローカルな自己同一化を放棄する必要はないということを強調している。それは、生活の大いなる豊かさの源泉になりうるのである。彼らは、ローカルな帰属をもたないものとしてではなく一連の同心円によって囲まれているものとして自分たち自身を考えるよう、われわれに提案する。*

コスモポリタンではありつつも、ローカルを強調している。ローカルは、生活の大いなる豊かさの源泉になり、そのローカルを中心とした同心円状の、ないしは重層的な社会のあり方を

---

*ヌスバウム（2000）27

想起させる。このローカルを基礎とした重層的な社会のあり方の構想は、終章において後述することになる。

このような議論を踏まえて本書は、ナショナリズムかコスモポリタニズムかという二元論を視野には入れつつも、国民国家、言い換えればナショナルな規模の統治機構と、グローバル統治機構の共存を目指す。そのために、カントの議論を紹介したい。

グローバル統治機構のあり方をカントの一七九五年に公刊された『永遠平和のために』を考察することを通じて考える。グローバル統治機構は、国民国家の解消を経るのではなく、国民国家の連合によって構成されることを示す。

平和状態は自然状態ではなく、むしろ自然状態は戦争状態である。したがって、平和状態は創設されなければならない。*

この文言から始まる『永遠平和のために』第2章は、積極的に平和を追求する方途が述べられている。平和は、われわれが希求し、常につくり出していかねばならない。また、現代社会における戦争は、世界システムにおける中核によって新たな周辺を模索するために行われるか、あるいは新たに周辺化されようとしている地域が過度の民族主義、諸宗教の原理主義を掲げて、その中核の動きに対抗するために行われるため、本書の流れにおいても参考にする意義があるだろう。『永遠平和のために』における平和を追求する方途は、国家の連合である。以下に詳細を見ていきたい。

*カント（1985）26

『永遠平和のために』では、三つの確定条項が示されている。以下に列挙する。

第一確定条項：各国家における市民的体制は、共和的でなければならない。
第二確定条項：国際法は、自由な諸国家の連合制度に基礎をおくべきである。
第三確定条項：世界市民法は、普遍的な友好をもたらす諸条件に制限されなければならない。

ここで強調しておきたい点は、人間と（国民）国家の関係である。第一確定条項において、「各国家における市民的体制は、共和的でなければならない」と述べられているが、カントの述べる共和的である体制とは、①社会の成員が人間として自由であるという原理、②すべての成員が唯一で共同の立法に臣民として従属することの諸原則、③すべての成員がStaatsbürgerすなわち国家市民として平等であるという法則、この三つによって設立された体制とされる。したがって、共和制下の人間は、自由であるのみならず、臣民、国家市民という属性を帯び、その属性に応じて、臣民として法に従うこと、国家市民として平等であるとされる。*

他方で、カントはこのように説明している。

各民族は自分たちの安全のために、それぞれの権利が保障される場として、市民的体制と類似した体制に一緒に入ることを他に対しても要求でき、また要求すべきなのである。これは国際連合であると言えるが、しかしそれは当然諸民族合一国家ではないであろう。**

*カント（1985）28-29

**カント（1985）64

各民族は、諸民族が合一の国家を作るのではないかたちで国際的な連合をつくることを求め、また求めるべきだとされる。先のナショナリズムか、コスモポリタニズムかという問いかけに対して、どちらにも立たず国家の連合にその答えを求めた。カントは、さらに以下のようにいう。

国家としてまとまっている民族は、個々の人間と同じように判断されてよい。*

すなわち、人間が社会契約によって国家を成立させるのと同様に、「個々の人間と同じように判断されてよい」とされる国家相互の契約によって諸国家の連合をつくる必要を説いているといえよう。言い換えれば、カントは一つの社会契約によって世界共和国をつくるのではなく、二つの「(社会)契約」によって、平和状態を創設しようとしている。したがって、われわれはナショナルな規模の統治機構に属すると同時に、世界市民なのである。その際に、連合を構成する国家は、人間と同じように判断してもよいとされるために、自由であるのみならず、連合による法に従うこと、連合内において平等であると考えることができる。

言うまでもないが、現代社会において国民国家の連合として国際連合がある。しかし、ここで論じられているようなグローバル統治機構と国際連合は大きく隔たりがある。国際連合の意義や可能性には望みはかけつつも、本書においては国際連合を本書で論じる意味でのグローバル統治機構とは区別して考えることとする。

したがって、本書の議論に沿って以上の内容を理解するならば、カントは、国民国家、グローバル統治機構という、少なくとも二つの層による統治機構、すなわち重層的な統治機構のあ

*カント(1985)64

り方を主張しているといえよう。より踏み込んで、ＥＵが存在し、リージョナルな国民国家の連合のあり方が論じられている現代社会において考えれば、カントの主張は、統治機構を国民国家のみに限定するのではなく、重層的な統治機構のあり方を提起していたと捉えるべきだろう。

そのように理解するならば、ナショナルな規模の統治機構の連合によってリージョナルな地域連合を構成し、地域連合の連合がグローバル統治機構を構成するという重層的な統治機構を構想することが可能となる。そのような構想によって初めて、各統治機構の規模に応じた問題に対応することが可能となるだろう。

たとえば、環境問題を考えてみよう。四大公害病をその象徴として考えうる規模の環境問題に対しては、ナショナルな規模の統治機構による対応が、大気汚染、海洋汚染などナショナルな規模を横断的に存在する環境問題に対してはリージョナルな規模の統治機構による対応が、そして気候変動や海水面の上昇などの全地球を巻き込んだ環境問題にはグローバルな規模の対応が求められるだろう。その際に重要なことは、グローバル統治機構は、グローバルに展開している世界システムに包含されているすべての人間に対して平等に対応することが求められるゆえに、第８章で論じたような〈真に倫理的な正義〉にもとづいて対応しなければならない。

同時に、グローバル統治機構を構想することによって、先のピケティの提案のような資本税の課税が可能になり、グローバル市場経済に対抗することが可能となるのである。

以上のことをまとめるならば、グローバル統治機構は、重層的な統治機構の最上部に位置することとなり、グローバル統治機構の下層部におかれる各統治機構は、〈真に倫理的な正義〉にもとづく法に従うことは求められるが、自由で、平等であることは保障される。

しかしながら、統治機構の重層性を背景としたグローバル統治機構のみによってグローバル市場経済に対抗できるわけではない。やはり公共圏がその役割を果たすことが求められる。そして、国民国家に代表される統治機構が、われわれに牙をむく例は歴史を見てみても枚挙にいとまがないばかりか、新自由主義が覇権を握る現代社会において国民国家と市場経済の密接な関係が強調されている中では、統治機構それ自体への不信もあるかもしれない。したがって、次節以降では統治機構と市場経済の関係を改めて問い直すと同時に、グローバル統治機構とグローバル市場経済に対抗しうるグローバルな公共圏について論ずることとする。

第3節　統治機構と市場経済の関係

本節では、市場経済、統治機構、公共圏の関係を論じたい。前節において、グローバル統治機構によってグローバル市場経済に対抗することが可能であることを説明した。同時にこれまで統治機構が「暴走」してきた歴史的な経緯を踏まえて、グローバル統治機構に対抗しうるグローバルな公共圏の必要性を示した。ここで、市場経済、統治機構、公共圏の関係を整理しておく必要があるだろう。とくに本節では、統治機構と市場経済の関係に注目したい。そのための準備として、改めて公共圏について理解をしておきたい。

ハーバマスは、公共圏を「自由な意志にもとづく非国家的・非経済的な結合関係」*であるとしている。他方で、チャールズ・テイラーは以下のように述べている。

---

*ハーバーマス(1994)xxxviii

チャールズ・テイラー
(Charles Taylor：1931–)
カナダの政治哲学者。

公共圏は、権力の外部にありながら権力に規範をさし示すような理性的な論議を行い、政治的領域を経なくても社会が共同の考えに到達できるようにするのである。*

公共圏が、共同体とともに、市場経済と官僚制から離れてあるということ、そして、公共圏の三つの性格として開かれていることと意識性の次元に属することを、第7章においてまとめた。やはりハーバマスからも公共圏は、国民国家、そして市場経済の外部にあるということ、さらに自由な意志にもとづく結合関係であるということが引き出せよう。同時にテイラーにおいては、権力の外部にあること、そして、理性的な論議が行われることが強調されていることが確認されよう。

第7章第2節で整理したハーバマスの社会の整理を改めて捉え直してみたい。繰り返しになるが、ハーバマスは『コミュニケーション的行為の理論』において、社会をシステムと生活世界に分けて考えた。システムは市場経済と、官僚制、本章の文脈から言い換えれば統治機構によって規定され、生活世界は公共圏と私的な生活領域として規定された。その場合の公共圏は、システムに対抗する関係にある。したがって、大枠からいえば、ハーバマスによっては市場経済と統治機構の両者と公共圏の対抗関係、ならびに市場経済と統治機構の協力関係が見て取れる。

しかしながら、現代社会においては市場経済と統治機構が協力する関係が前景に出ており、市場経済と統治機構が対抗する関係が後景に退いてしまい、見えにくくなっている。規制緩和や官から民へというフレーズをしばしば耳にする。この場合の民は本書の文脈からいえば〈私〉

*テイラー（2011）131

第9章

にあてはまるが、ある一面としてこういったフレーズをもとに市場経済拡大への土台作りを統治機構が積極的に支援しているように思われる。このように市場経済と統治機構が協力する関係が前景に出ている理由は、本書の立場からいえば、抽象的には市場経済と統治機構が世界観、すなわち機械論的世界観を共有しているからであり、より具体的には市場経済と統治機構が世界経済としての世界システムが自動機械として拡大再生産する両輪として駆動しているからである。

しかし、先のピケティの議論から考えれば、国民国家は市場経済に対抗しうる潜在性をもっている。すなわち、国民国家と市場経済は、協力する関係であると同時に、対抗する関係でもあると捉えるべきだろう。グローバルな規模の市場経済に対抗するためには、国民国家というナショナルな規模での統治機構だけでは非力である。統治機構の市場経済に対抗する潜在性を実質化させるためにもグローバル統治機構が求められる。

第4節　公共圏・市場経済・統治機構

ここまで市場経済と統治機構の両者と公共圏の対抗関係、さらに市場経済と統治機構の協力／対抗関係を見てきた。そうすると、市場経済と統治機構はある側面で緊張関係にありつつも、公共圏にとって両者は必要のない存在ということになるが、そのように単純化すべきではない。まず、公共圏にとっては、市場経済は安価な情報技術の供給源となり得る。たとえば、マルクスとエンゲルスによる『ドイツ・イデオロギー』では以下のように述べられている。

この結合がたんに局地的なものであってはならないとすれば、この結合に必要な諸手段、すなわち、大工業諸都市と安くてはやい交流手段が、大工業によってあらかじめ確立されなければならない。*

諸個人が公共圏的な結合関係をもつためには安価な情報技術が欠かせないことを示唆しているこの視点は、グローバルな公共圏が模索される現代社会であるからこそ、より一層重要であるように思われる。われわれがグローバルに関心を共有するためには、安価な情報技術が欠かせないことは間違いない。したがって、公共圏、とくにグローバルな公共圏を確立するためには、市場経済が条件となる。

統治機構と公共圏の関係はどうだろうか。後に詳述するが、ハーバマスは公共圏と密接に関係があるとする私事性の領域を「不可侵の領域」であるとして、以下のように述べている。

人格権、信仰・良心の自由、移転の自由、信書・郵便・電気通信の秘密、住居の不可侵、家族の保護、これらは、人格的純一性および独立した良心と判断の形成のための不可侵の領域を表している。**

こういった私事性の基本権を保障をすることが公共圏の確立には欠かせないというのである。そして、その基本権を保障することを担うのが統治機構となる。すなわち、公共圏の確立には統治機構による基本権の保障が欠かせないのである。こういった基本権の保障が必ずしも国際

*マルクス&エンゲルス（1998）141

**ハーバーマス（2002）99［下巻］

的に共有されていない現代社会を考えてみても、グローバル統治機構による基本権の保障がなされる必要がある。ここで思い出されるのが第8章で登場したロールズの「不可侵なるもの」としての基本的自由である。ロールズにしても、ハーバマスにしても、不可侵の権利を擁護することを強調していることは確認しておきたい。

したがって、ここでもやはり、第1節で確認したピケティによる〈公〉的な情報が公共圏に不可欠であるという指摘を含めて、公共圏、とくにグローバルな公共圏を確立するためには、統治機構が条件となりうる。したがって、公共圏を形成するためには、市場経済と統治機構がその条件となるのであって、市場経済と統治機構の否定ではない。

これまでの議論をまとめると、市場経済、統治機構、公共圏の三者の関係は、①市場経済と統治機構は対抗する関係であると同時に協力する関係であること、②市場経済と統治機構の両者と公共圏は対抗する関係にあること、③市場経済と統治機構は、公共圏を確立する条件を提供することの三つによって示されよう。

第3節においても簡単に触れたが、市場経済と統治機構の対抗関係は、現代社会において見えにくくなっているかもしれない。市場経済が国民国家の規模であったならば、国民国家によって市場経済がコントロール可能であったかもしれないが、グローバルな規模にまで市場経済が拡大した現代においては、国民国家が市場経済をコントロールすることが実質的に不可能であるがゆえに、国民国家の市場経済をコントロールする機能が見えにくくなってしまうのである。したがって、グローバルな規模で市場が形成されるグローバル市場経済が跋扈する現代社会においては、国民国家のようなナショナルな規模の統治機構では不十分であり、ピケティの議論が示唆しているようにグローバル統治機構が求められるのである。そのことは、公共圏についてもいえる。グローバル統治機構とグローバル市場経済に対してグローバルな公共圏が対抗しなければならない。そのためには、同時にグローバル市場経済によって、安価な情報技術といったような不可侵の権利に関わる技術が提供されねばならないし、グローバル統治機構によって不可侵の権利の保障がなされなければならない。

間違った普遍化のもうひとつの形態は現在のグローバル化した経済に見られ、そこでは「人々はすべてグローバル市場における合理的な行為者で、その伝統や文脈がどうであれ、自分自身の効用の最大化のみを追求する人間である」と考えられている。

（ヌスバウム）

終章
脱近代の世界観へ

第1節　市民社会から〈市民社会〉へ

繰り返すがヘーゲルは、『法の哲学』において、近代社会を国家、市民社会、家族に分けて考えた。その場合の市民社会は、「欲望の体系」と規定され、しばしば市場経済社会を示すと理解されてきた。そして、その「欲望の体系」としての市民社会は、ドイツ語では bürgerliche Gesellschaft と表される。ブルジョワジーの社会とでもいえようか。ブルジョワジーを有産階級、あるいは資本家として理解すれば、「欲望の体系」としての市民社会は、商品交換者のための社会とでもいえよう。したがって、「欲望の体系」としての市民社会においては、労働者階級への抑圧の歴史を踏まえて考えても、人間の労働力商品としての側面は少なくとも十分に含まれてはいない。世界システムの格差をつくり出し、その格差をてこに無限に拡大再生産をつづけようとするあり方の基礎には、市民社会のあり方そのものに原因があったともいえる。そういった「欲望の体系」としての市民社会から、すべての人間を包含しうるような市民の社会としての市民社会、すなわち〈市民社会〉への転換が求められる。本節では上記の点を踏まえて、ハーバマスにおける公共圏論への批判を通じ、グローバル統治機構とグローバルな公共圏からなる、グローバル市場経済に対抗しうる社会の基礎にローカルな自治組織が求められることを示す。

ハーバマスは一九九二年に公刊された『事実性と妥当性』において、市民社会の捉え直しを試みる。少し長いが以下を引用する。

「市民社会（Zivilgesellschaft）」は、自由主義的伝統に言う「市民社会（bürgerliche Gesellschaft）」とは別の意味を持っている。この自由主義的伝統にいう市民社会を、ヘーゲルは最終的に「欲望の体系」つまり社会的労働と商品交換のための市場経済システムと捉えたのだった。他方、現代の市民社会とは、マルクスおよびマルクス主義のいうような、私権にもとづいて構築され、労働・資本・財の市場によって制御される経済を表すものではもはやない。むしろ制度的核心をなすのは、自由意志にもとづく、非国家的・非経済的な共同決定および連帯的結合であり、これらの決定と連帯的結合によって、公共圏のコミュニケーション構造は生活世界の社会的構成要素に根をもつことになる。*

ハーバマスは、bürgerliche Gesellschaft としての市民社会から、Zivilgesellschaft としての〈市民社会〉への転換を強調する。〈市民社会〉の制度的核心をなすのは、公共圏であり、その公共圏は生活世界の社会的構成要素に根をもつことになる。ここで強調しておきたい点は、「公共圏のコミュニケーション構造は生活世界の社会的構成要素に根をもつ」という点である。この生活世界の社会的構成要素とは、「私事性の領域」を指すが、本書では「私事性の領域」は先に論じた「私的な生活領域」と区別することなく論じることとする。ハーバマスは以下のように述べている。

生活世界の核をなす私事性の領域は、親密さ、つまり公開制からの保護を特徴とするが、さまざまな構成員の生活史を互いに結びつける。公共圏はこのような私事性の領域のた

*ハーバーマス（2002）97〔下巻〕

めに補完的な役割を果たすが、また逆にこの私事性の領域から公衆が公共圏の担い手として立ち現れることにもなる。*

私事性の領域、すなわち私的な生活領域は、「親密さ、つまり公開制からの保護を特徴とする」ことから親密圏と同様に考えることができよう。そして、私事性の領域、すなわち私的な生活領域においては、お互いの生活史を結びつけるという。生活という具体的な生の歴史を結びつけることから、やはり私事性の領域、すなわち私的な生活領域を近代的な核家族をはじめとした親密圏として理解してよいだろう。ここでハーバマスは、私事性の領域、すなわち私的な生活領域から、公共圏が成り立つことを示唆している。しかしながら、ハーバマスは以下のようにも述べている。

生活世界は全体として、コミュニケーション的行為のネットワークをなす。行為調整の局面下では、生活世界の社会的構成要素は、正統的に秩序づけられた間人格的諸関係の総体によって成り立っている。それは、共同体、集会・結社、さらに特定の機能に特化した組織を包含する。**

ハーバマスが想定しているのはあくまでも「間人格的諸関係の総体」であって、それは実体として存在する自由意志の諸関係の総体を想起させる。このことからハーバマスが想定している人間は、あくまでデカルト的な、あるいはロールズ的な近代的個人といってよい。繰り返す

---

*ハーバーマス（2002）83〔下巻〕

**ハーバーマス（2002）84〔下巻〕

が、近代的個人を再生産することは、理性においては内省的理性を前景に出し、孤独な理性に転ずることにつながり、機械論的世界観を再生産することに通じる。そして、公共圏、さらには、その基礎にある共同体をも失わせる結果となる。ハーバマスの文脈からいえば、生活世界が「間人格的な諸関係の総体」であるとするならば、実体としての意識が所与の存在となってしまい、その意識がどう成立するかという論理が存在しない。それは同時に社会の側面から捉えなおせば、ハーバマスは、コミュニケーション的行為のネットワークとしての生活世界の中に、公共圏と私的な生活領域を含めながらも、公共圏と私的な生活領域は深い断絶を保ったままである。* そのことは、以下の引用からも窺える。

市民による、いわば私的領域から切り離された一般的公衆の組織的実質をなしているのが、連帯的諸関係なのである。**

ハーバマスが私事性の領域、すなわち私的な生活領域と公共圏を切り離さざるを得ない理由は、実体として、すなわち独立している意識を想定してしまっていることから、意識の能力である理性の次元に属する公共圏も、他の領域から独立してしまうことになってしまう。言い換えれば、私事性の領域、すなわち私的な生活領域から公共圏が立ち上がる論理が存在しない。私事性の領域、すなわち私的な生活領域から公共圏が切り離されてしまっていることと、私事性の領域、すなわち私的な生活領域から公共圏が立ち上がる論理が存在しないことは、公共圏の基盤となるものがハーバマスのいう私事性の領域では不十分であることに起因する。公共

*同様にアーレントにおける私的領域と公的領域の二元性も問題としなければならない。

**ハーバーマス（2002）98［下巻］

圏の基盤となりうるのは、私事性の領域を含みうる共同体である。私事性の領域を含みうる共同体こそが、次節の主題であるローカルな自治組織である。では、なぜ公共圏の基盤となりうるのがローカルな自治組織なのかということを、人間の概念を媒介として以下に論じていきたい。

第2節　ローカルな自治組織

ハーバマスのいう私事性の領域、すなわち私的な生活領域の不十分さは、アーレントが以下のように言っていることを思い出させる。もう一度引用しよう。

親密なるものは、私的領域に取って代わる代用物としてはあまりに頼りにならない。*

ハーバマスのいう私事性の領域、すなわち私的な生活領域になくて、アーレントのいう私的領域にあるものはなにか。それは〈労働〉**にもとづく生命性である。この〈労働〉にもとづく生命性こそが、本書で強調したいハーバマスのいう私事性の領域、すなわち私的な生活領域の不十分さである。他方で、アーレントのいう私的領域になくてハーバマスのいう私事性の領域、すなわち私的な生活領域にあるものもある。それはコミュニケーションである。本書で強調したいローカルな自治組織は、言わばハーバマスのいう私事性の領域、すなわち私的な生活領域とアーレントのいう私的領域の止揚の先にあるといってよい。なぜ公共圏の基盤となりうるのがローカルな自治組織なのかということを、人間の概念を媒介として以下に論じていく際に、「人

*アレント（1994）99-100

**〈　〉がついている〈労働〉は、アーレントのいう労働である。詳細は、第7章第1節を参照のこと。

間は社会的動物である」*というテーゼで哲学史上につながりをもつ、アリストテレスとマルクスに着目したい。

さて、アリストテレスは『政治学』の中で以下のように述べている。

　人間は自然にポリス的動物である。**

他方で、『ニコマコス倫理学』において以下のように述べている。

　人間はポリス的なものであり、生を他と共にすることを本性としている。***

ここから読み取れるのは、人間は、ポリス的であることから、自由意志をもって公共圏的なつながりを担保しうる存在であることと、生を他と共にすることを本性とすることから、具体的な生を共有する共同体的なつながりを担保しうる存在であることである。****だからこそ、人間は、自由意志にもとづく公共圏ならびに、具体的な生を共有する共同体を確立することができる。

ここでは先のハーバマスの議論の私事性の領域、すなわち私的な生活領域を共同体に置き換えたにすぎない。やはり問題となるのが、共同体と公共圏の関係である。引き続き、人間の概念を媒介として考察したい。マルクスが一八四三年から一八四五年にかけて執筆した草稿である『経済学・哲学草稿』において以下のように述べている。

*ヌスバウムも強調している点である。

**アリストテレス（1961）35

***アリストテレス（1973）137

****第2章第4節を参照のこと。

終章

動物はその生命活動と直接的に一つである。動物はその生命活動から自分を区別しない。動物とは生命活動だからである。人間は自分の生命活動そのものを、自分の意欲や自分の意識の対象にする。彼は意識している生命活動をもっている。*

すなわち生命活動によって意識が立ち上がるのである。そして、引き続き以下のように述べている。

意識している生命活動は、動物的な生命活動から直接に人間を区別する。まさにこのことによってのみ、人間は一つの類的存在なのである。あるいは、人間がまさに一つの類的存在であるからこそ、彼は意識している存在なのである、すなわち、彼自身の生活が彼にとって対象なのである。**

意識している生命活動によってのみ人間は一つの類的存在であるとマルクスが述べていることから、意識している生命活動によってのみ人間は共同性をもつといえる。以上のことをまとめるならば、人間は生命活動によって意識が立ち上がり、その意識している生命活動によって共同性が生まれるのである。したがって、第8章第4節で論じたように、意識ないしは自由意志は、実体として存在するのではなく、その背景には生命活動や人間の共同的な関係の網の目があるのである。このことを共同体と公共圏の関係に置き換えて言い換えれば、具体的な生を共有する共同体を基礎にもつからこそ、自由意志にもとづく公共圏を確立することができるの

*マルクス（1964）95

**マルクス（1964）95-96

である。したがって、公共圏の確立には、私事性の領域だけでは不十分で、生命活動を共有するという意味での、具体的な生を共有する共同体が求められる。また、その際の共同体は、私事性の領域を含みうるものである。先にも引用したが、ハーバマスは「生活世界の核をなす私事性の領域は、親密さ、つまり公開制からの保護を特徴とするが、さまざまな構成員の生活史を互いに結びつける」*と述べているが、生活史を互いに結びつけるのは、具体的な生を共有することも重要な契機となるのではないだろうか。

その際の具体的な生を共有するとはいかなることか。さらには、私事性の領域を含みうる共同体をローカルな「自治」組織とする根拠はなにか。生、ないしは生命は、自然の属性としてある。マルクスは、自然を人間の非有機的身体という特徴的な概念で説明している。

> 自然、すなわち、それ自体が人間の肉体（Körper）でない限りでの自然は、人間の非有機的身体（unorganische Leib）である。人間が自然によって生きるということは、すなわち、自然は、人間が死なないためには、それとの不断の〔交流〕過程のなかにとどまらねばならないところの、人間の身体であるということなのである。人間の肉体的および精神的生活（physische und geistige Leben）が自然と連関しているということは、自然が自然自身と連関していること以外のなにごとをも意味はしない。というのは、人間は自然の一部だからである。**

人間は非有機的身体として自然と不断の交流過程にあるのである。したがって、人間にとっ

---

*ハーバーマス（2002）83〔下巻〕

**マルクス（1964）94-95

ての具体的な生とは、人間の個体としての身体性にかかわるものだけではなく、人間と自然の不断の交流過程として捉えることができる。つまり、具体的な生を共有するとは、人間と自然の不断の交流過程を共有することを意味するのである。その不断の交流過程を媒介するのが労働である。マルクスは『資本論』において以下のように述べている。

労働は、まず第一に人間と自然とのあいだの一過程である。この過程で人間は自分と自然との物質代謝を自分自身の行為によって媒介し、規制し、制御するのである。人間は、自然素材に対して彼自身一つの自然力として相対する。*

労働は、人間と自然の物質代謝、あるいは人間と自然の不断の過程を媒介する。しかし、疎外された労働を通しての人間と自然の関係は、自然が人間にとって、「敵対的に対立する疎遠な世界としての感性的外界」**となってしまい、人間にとって自然が非有機的身体ではなくなる。疎外された労働を克服するためには、やはり市場経済と統治機構から離れることが欠かせず、具体的な生を共有する場は自治がなされなければならない。つまり、具体的な生を共有しうる規模でのローカルな自治組織が求められるのである。自治によって具体的な生を共有することは、具体的には〈農〉を基礎とした、食料やエネルギーの自給なども含まれる。

ローカルな自治組織において具体的な生を共有することは、人間―自然の関係、ならびに人間―人間の関係が適切に保たれてこそ可能になる。そのことは、視点を変えれば、人間―人間関係と人間―自然関係の同根性が示されているように捉えられ、マルクスの「人間主義と自然

*マルクス（1968）234

**マルクス（1964）93

主義の統一」が想起されよう。同時に、共同体と公共圏の止揚としてローカルな自治組織を規定しうる。

以上、具体的な生を共有するローカルな自治組織が自由意志の基礎となり、自由意志にもとづく公共圏確立の契機となることを論じた。このローカルな自治組織の連合が、その連合の、ナショナル、リージョナルといった統治機構の諸層をはさみながら、グローバル市場経済に対抗するグローバル統治機構の基礎となる。同時に、その重層的な統治機構に対応する重層的な公共圏もまた、ローカルな自治組織に基礎を置くこととなるのである。したがって、グローバル統治機構とグローバルな公共圏からなる、グローバル市場経済に対抗しうる社会の基礎にローカルな自治組織が存在するのである。

同時にここで強調しておきたいことは、ローカルな自治組織は、共同体、公共圏、統治機構、市場経済の四つの社会の構成概念の総合として捉えられるという点である。具体的な生を共有することから共同体としてのあり方を、共同から意識が立ち上がることから公共圏としてのあり方を、自治として統治機構としてあり方を、〈農〉を基礎とした生産と交換そして市場経済としてのあり方を含んでいる。ローカルな自治組織に公共圏としてのあり方が担保されている点は、とくに強調しておくべきだろう。ローカルな自治組織は単に、共同体の代替物ではない。ローカルな自治組織に公共圏としてのあり方を担保することで、ローカルな自治組織に理性の光をあてることで、〈真に倫理的な正義〉をローカルな自治組織にも行き届かせることができる。

第3節　自由時間と脱商品化

最後に、どのようにしてローカルな自治組織を基礎にした脱近代の社会にたどり着けるだろうか。それはこれまで論じてきたように、世界経済としての世界システムの縮減である。より具体的には、世界システムの拡大、深化の駆動力である市場経済の縮減である。思い返せば、市場経済の現代につながる展開の画期はなんだったか。それは「自然と人間の商品化」であった。したがって、市場経済の縮減を成し遂げるためには、自然と人間の脱商品化を目指さなければならない。

われわれの生活には、まだ商品化されていない部分があることは間違いない。家族、パートナーとの関係、近所とのやりとり、地域での活動などがその代表的な例であろう。アーレントには頼りないと言われるかもしれないが、現代社会のあり方を考えるならば、それらの商品化されていない領域を核として、商品化に対抗して、脱商品化を目指さなければならない。これまで商品化されていた事柄をわれわれの手に取り戻さなければならない。それは言い換えれば、機械論的世界観による世界ではない世界を広げることでもある。機械論的世界観による世界ではない、自由な世界をいかに創出するか。それは具体的には自由時間の創出である。労働力商品としても、そして商品交換者としても、そしてその再生産でもない、自由時間を創出することが求められる。*

自由時間はあくまで非市場経済的活動として位置づけるべきであろう。自由時間を「自由」

*自由時間については、大倉（2012c, 2014b）を参照のこと。

概念に照らして自由時間のありようを考えてみよう。自由時間の定義は、「自由」時間たる、自由の概念に依存しているといえる。アイザイア・バーリンは、その著作『自由論』において、自由を「積極的自由」と「消極的自由」とに分類した。積極的自由とは、「ひとが自分自身の主人であることに存する自由」であり、自己実現に通じる自由である。他方で、消極的自由とは、「自分のする選択を他人から妨げられないことに存する自由」である。このバーリンの分類を踏まえれば、自由時間は消極的自由と積極的自由を共に担保する時間であるといえる。この点については、バーリンが、積極的自由が消極的自由を抑圧する可能性を論じているように、議論を尽くすべき論点であるが、自由時間に関する点からいえば、以下のようにいえる。もっぱら労働の再生産にかかわる、労働力商品としてその身を市場に投げ出す労働からの自由を享受する意味での自由時間は、前者の消極的自由を担保する自由時間である。他方、ボランティア活動、家事労働、家庭菜園における、非市場経済下における労働や相互行為への自由を享受する意味での自由時間は、後者の積極的自由を担保する自由時間である。

このように自由時間において、非市場経済下における労働や相互行為を増やしていく中で、これまで市場経済によって商品としてまかなわれた事柄が、脱商品化されるのである。では、人間の脱商品化によって、われわれになにがもたらされるのだろうか。*

カントは以下のように述べている。

> 自然のあらゆる事物（Ding）は、法則にしたがって作用する。ひとり理性的存在者のみが、法則の表象にしたがって、すなわち原理にしたがい行為する能力をもつ。いいかえれば、

アイザイア・バーリン（Isaiah Berlin：1909–1997）イギリスの哲学者。『自由論』は一九六九年に公刊された。

*以下の論点は、大倉（2014b）を参照のこと。

意志を有するのである。法則から行為をみちびきだすためには理性が要求されるから、意志とは実践理性にほかならない。理性が意志を不可避的に規定する場合には、そういった存在者の行為は客観的に必然的なものと認識されるいっぽう、主観的にもまた必然的である。*

人間は、機械論的な法則から自由でない。しかし、同時に理性的存在者は機械論的な法則ではない原理にしたがい行為する能力をもつという。そのことは、人間が機械論的な法則にしたがうと同時に、意志を有する存在であるといえる。さらに考えれば、人間がもっぱら機械論的な法則にしたがうのであれば人間は他律的存在であるといえる。しかしながら、機械論的な法則にしたがうと同時に、意志を有する。そのことは、人間が自律して自らの意志にしたがって行為を能動的に行うことができることを指す。このことこそが自由なのである。

また、手段と目的の対比関係からいえば、人間は機械論的な法則に作用されるという意味においては手段であり、人間が自律して自らの意志に従って行為を能動的に行うことができるという意味においては目的なのである。カントは「人間を単に手段としてではなく、同時に目的として扱え」という。しかしながら、現代社会において人間は自動機械の客体であり、受動的、他律的である。むしろ、自動機械の飽くなき拡大こそが目的である。自由時間の創出による人間の脱商品化は、この転倒したあり方を復元することに寄与する。すなわち、社会における人間の主体性、能動性を取り戻すことに寄与する。引き続きカントは、以下のように言う。

*カント（2013）103

目的の王国が可能であるのは、したがってひとえに自然の王国との類比による。ただし前者はたんに準則、すなわち自分自身に課した規則によってのみ可能であり、後者はひたすら外的に強制的に作用する原因の法則にしたがってだけ可能なのである。*

目的の王国では、理性的存在者である人間が、自分自身に課した規則に従って行為するが、自然の王国ではもっぱら外的な因果関係に従属するとされる。現代社会の文脈から改めて考えてみたい。人間の商品化とは、つまるところ市場経済社会においては人間の手段化であり、モノ化であった。市場経済社会においては、人間はモノとして捉えられるのである。このことを踏まえると、市場経済の手段となって人間がモノとして捉えられる現代社会は、もっぱら自然の王国としてあることになる。

目的の王国にあって、すべてのものは価格を有するか、尊厳を備えている。価格を有するものは、そのもののかわりにまた、等価物としての或る他のものが置き換えられることができる。これに対して、あらゆる価格を越えており、かくてまたいかなる等価物も許さないものこそが、尊厳を備えているのである。**

この引用は、自由時間の創出による人間の脱商品化が、人間になにをもたらすかを端的に表している。市場経済社会において、われわれは等価物として置き換え可能である。すなわち、われわれは交換可能なのである。脱商品化され、すべての人間が自己実現を果たすことによっ

*カント（2013）183

**カント（2013）171

終章

てわれわれは等価物を許さない、交換不可能となり、かけがえのない、唯一性を備えるのである。すなわち、すべての人間が尊厳を備えることができるのである。すべての人間が尊厳を備え、平等に生きることができる社会は、脱商品化によってもたらされるのである。

第4節　脱近代の世界観へ

新しい理論が新しい社会をつくるのか。あるいは、新しい理論は新しい社会への変化の後追いなのか。将来社会を展望するうえで、考えなければならない論点であろう。本書の立場は、新しい理論と新しい社会の相互作用が肝要であるとしつつも、契機は新しい社会への具体的な変化であると考える。社会にはびこるさまざまな軋轢に対する苦闘としての社会の具体的な変化こそが将来社会への希望であり、その社会の具体的な変化をたえず理論化していき、社会の具体的な変化を理論化することでその理論を社会の中で共有し、社会の変化を促進させる。新しい理論がまずあって、それが上意下達のように、あるいは教条的に、社会に反映されていくのではない。契機は、あくまで社会の側にある。そして生活者であるわれわれの手中にある。本書の文脈から言い換えれば、脱近代の世界観がまずあって、それをもとに脱近代の社会を考えるのではなく、脱近代の社会への変化は社会の側にあり、それを踏まえて脱近代の世界観を探究しなければならない。

自由時間を契機として脱商品化を展開していくことは、機械論的世界観ではない世界を広げていくことにつながる。将来社会が、過去への回帰でないとするならば、将来社会の世界観は、機械論的世界観の否定でもなく、前近代の世界観の復権でもない。したがって、われわれが模索しなければならない世界観は、機械論的世界観を含む新しい世界観である。言い換えれば、機械論的世界観である近代の世界観と前近代の世界観の止揚した脱近代の世界観を探究しなければならない。

内省的理性と公共的理性によって知の蓄積と更新を繰り返しながら、われわれがまだ見ぬ脱近代の世界観を探究しなければならない。それは決して、理論が先行するわけではない。あくまで、さまざまな社会の軋轢と格闘した結果である具体的な変化一つひとつが契機となる。言い換えれば、政治家や研究者といった限定された人びとに社会変革が任されているわけではなく、さまざまな社会の軋轢と格闘している生活者こそ社会変革の担い手なのである。まだ見ぬ脱近代の世界観は、われわれの日常にこそ育まれつつあるのである。

参考文献

本書は、著述の流れにおいて出来る限り、古典、あるいはこれからも読み継がれていくだろうと思われる文献から直接引用し、それを著者なりに解釈を加えることで構成されている。したがって、参考文献として引用で挙げた古典、そしてこれからも読み継がれていくだろうと思われる文献と、本書を読むうえで参考になると思われる入門書、解説書、研究書、研究論文を挙げた。すべて邦文献とし、翻訳書は原著を省略している。

あ

赤林朗編（2007）『入門・医療倫理Ⅱ』勁草書房
アリストテレス（1959-61）『形而上学』（出隆訳）岩波書店
アリストテレス（1968）「エウデモス倫理学」『アリストテレス全集14』（茂手木元蔵訳）岩波書店
アリストテレス（1971-73）『ニコマコス倫理学』（高田三郎訳）岩波書店
アーレント（1969）『イェルサレムのアイヒマン』（大久保和郎訳）みすず書房
アレント（1994）『人間の条件』（志水速雄訳）筑摩書房
アーレント（2015）『活動的生』（森一郎訳）みすず書房
石川文康（1995）『カント入門』筑摩書房
市野川容孝（2006）『社会』岩波書店
今村仁司（1994）『近代性の構造』講談社
今村仁司（1998）『近代の労働観』岩波書店
岩田靖夫（2003）『ヨーロッパ思想入門』岩波書店
岩田靖夫（2005）『よく生きる』筑摩書房
岩田靖夫（2011）『ギリシア哲学入門』筑摩書房
上柿崇英他編（2015）『環境哲学と人間学の架橋』世織書房

上野千鶴子（2009）『家父長制と資本制』岩波書店
ヴェーバー（1989）『プロテスタンティズムの倫理と資本主義の精神』（大塚久雄訳）岩波書店
ウェーバー（2012）『権力と支配』（濱島朗訳）講談社
ウォーラーステイン（1981）『近代世界システムⅠ』（川北稔訳）岩波書店
内田義彦（1966）『資本論の世界』岩波書店
大倉茂（2009a）「機械論的生命観から共生型生命観へ」『共生社会システム研究』第3号、共生社会システム学会
大倉茂（2009b）「工業的な農業の批判からみる〈農〉的な自然観」『環境思想・教育研究』第3号、環境思想・教育研究会
大倉茂（2011）「機械論的自然観と近代の人間「主体」概念の批判を巡って」総合人間学会編『総合人間学』第5号、学文社
大倉茂（2012a）「機械論的世界観の批判と脱近代の世界観の探究」博士論文（東京農工大学）
大倉茂（2012b）「現代における個人、共同体、アイデンティティの哲学的考察」『共生社会システム研究』第6号、共生社会システム学会
大倉茂（2012c）「エコロジー的主体とエコロジー的社会の探究」尾関周二他編『環境哲学のラディカリズム』学文社
大倉茂（2014a）「倫理的存在としての人間の社会的基盤―倫理的にふるまうために―」総合人間学会編『総合人間学』第8号、学文社
大倉茂（2014b）「現代社会における〈老い〉―近代化と人間の商品化の視点から―」総合人間学会編『総合人間学』第8号、学文社
大倉茂（2015a）「環境危機を踏まえた人間の現代的なあり方」、上柿崇英他編『環境哲学と人間学の架橋』世織書房
大倉茂（2015b）「脱近代のグローバルガバナンス―ローカルな自治組織を考える―」『環境思想・教育研究』第8号、環境思想・教育研究会
大倉茂（2016）「カブトムシから考える里山と物質循環」環境思想・教育研究会他編『「環境を守る」とはどういうことか』岩波書店
大澤真幸（2013）『生権力の思想』筑摩書房
尾関周二（1983）『言語と人間』大月書店
尾関周二他編（2012）『環境哲学のラディカリズム』学文社
小熊英二（2012）『社会を変えるには』講談社

か

加藤尚武（1987）『二一世紀への知的戦略』筑摩書房
加藤尚武（1997）『現代倫理学入門』講談社
神島裕子（2015）『ポスト・ロールズの正義論』ミネルヴァ書房
亀山純生（1997）『うその倫理学』大月書店
柄谷行人（2006）『世界共和国へ』岩波書店
柄谷行人（2010）『トランスクリティーク』岩波書店
川崎修（2014）『ハンナ・アレント』講談社
川本隆史（2005）『ロールズ』講談社
カント（2014）『純粋理性批判』（石川文康訳）筑摩書房
カント（2013）『実践理性批判／倫理の形而上学の基礎づけ』（熊野純彦訳）作品社
カント（1985）『永遠平和のために』（宇都宮芳明訳）岩波書店
キムリッカ（2005）『新版　現代政治理論』（千葉眞他訳）日本経済評論社
ギリガン（1986）『もうひとつの声』（岩男寿美子監訳）川島書店
國分功一郎（2015）『近代政治哲学』筑摩書房
児玉聡（2012）『功利主義入門』筑摩書房

さ

齋藤純一（2005）『自由』岩波書店
齋藤純一（2000）『公共性』岩波書店
坂部恵（2012）『ヨーロッパ精神史入門』岩波書店
澤佳成（2010）『人間学・環境学からの解剖』梓出版社
シヴァ（1994）『生きる歓び』（熊崎実訳）築地書館
重田園江（2013）『社会契約論』筑摩書房

清水正徳（1982）『働くことの意味』岩波書店
スノー（2011）『二つの文化と科学革命』（松井巻之助訳）みすず書房

た

多辺田政弘（1990）『コモンズの経済学』学陽書房
テイラー（2011）『近代』（上野成利訳）岩波書店
デカルト（1997）『方法序説』（谷川多佳子訳）岩波書店
デカルト（1973）「人間論」『デカルト著作集４』（塩川徹也・伊東俊太郎訳）白水社
暉峻淑子（1989）『豊かさとは何か』岩波書店
トゥールミン（2001）『近代とは何か』（藤村龍雄他訳）法政大学出版局

な

中畑正志（2013）「歴史のなかのアリストテレス」『アリストテレス全集１』岩波書店
西山雄二編（2009）『哲学と大学』未來社
西山雄二編（2013）『人文学と制度』未來社
ヌスバウム（2013）『経済成長がすべてか？』（小沢自然他訳）岩波書店
ヌスバウム（2005）『女性と人間開発』（池本幸生他訳）岩波書店
ヌスバウム他（2000）『国を愛するということ』（辰巳伸知他訳）人文書院
野口雅弘（2011）『官僚制批判の論理と心理』中央公論新社
野田又夫（1966）『デカルト』岩波書店
ノディングス（1997）『ケアリング』（立山善康他訳）晃洋書房

は

ハーバーマス（1985-87）『コミュニケイション的行為の理論』（上）・（中）・（下）（河上倫逸他訳）未來社

ハーバーマス（1994）『公共性の構造転換（第2版）』（細谷貞雄他訳）未來社
ハーバマス（2000）『道徳意識とコミュニケーション行為』（三島憲一他訳）岩波書店
ハーバーマス（2002-03）『事実性と妥当性』（上）・（下）（河上倫逸他訳）未來社
原田正純（1989）『水俣が映す世界』日本評論社
檜垣立哉（2006）『生と権力の哲学』筑摩書房
ピケティ（2014）『21世紀の資本』（山形浩生他訳）みすず書房
広井良典（2009）『コミュニティを問いなおす』筑摩書房
フーコー（1977）『監獄の誕生』（田村俶訳）新潮社
布施元（2012）「環境哲学における〈共〉の現代的視座」尾関周二他編『環境哲学のラディカリズム』学文社
藤原保信（1993）『自由主義の再検討』岩波書店
プラトン（1927）「ソクラテスの弁明」（久保勉訳）『ソクラテスの弁明・クリトン』岩波書店
ヘーゲル（2001）『法の哲学Ⅰ・Ⅱ』（藤野渉他訳）中央公論新社
ベンサム（1968）「道徳および立法の諸原理序説」『世界の名著38』（山下重一訳）中央公論社
ホッブズ（1954-85）『リヴァイアサン』（一）（二）（三）（四）（水田洋訳）岩波書店

ま

マーチャント（1995）『ラディカルエコロジー』（川本隆史他訳）産業図書
マルクス（1981）『資本論草稿集』①（資本論草稿集翻訳委員会訳）、大月書店
マルクス（1964）『経済学・哲学草稿』（城塚他訳）岩波書店
マルクス（1968）『資本論』第一巻第一分冊（岡崎次郎訳）、大月書店
マルクス&エンゲルス（1998）『ドイツ・イデオロギー』（渋谷正編訳）新日本出版社
見田宗介（1996）『現代社会の理論』岩波書店
ミル（2012）『自由論』（斉藤悦則訳）光文社
メイヤロフ（1987）『ケアの本質』（田村真他訳）ゆみる出版

森村進（2001）『自由はどこまで可能か』講談社

や

安酸敏眞（2014）『人文学概論』知泉書館
山口義久（2001）『アリストテレス入門』筑摩書房
吉見俊哉（2011）『大学とは何か』岩波書店

ら

ラ・メトリ（1957）『人間機械論』（杉捷夫訳）岩波書店
ロールズ（2010）『正義論』（川本隆史他訳）紀伊國屋書店
ロック（1968）『市民政府論』（鵜飼信成訳）岩波書店

各章扉ページの引用出所

序　章　原田（1989）7頁
第1章　カント（2014）7頁
第2章　野田（1966）4頁
第3章　ミル（2012）154-55頁
第4章　マルクス（1968）47頁
第5章　ヴェーバー（1989）51頁
第6章　ウォーラーステイン（1981）134頁
第7章　アレント（1994）291頁
第8章　シヴァ（1994）5-6頁
第9章　ハーバーマス（2002-03）102頁〔下巻〕
終　章　ヌスバウム（2005）37頁

ま行

や行

ら行

た行

な行

は行

索　引

あ行

か行

さ行

―著者紹介―

大倉　茂（おおくら　しげる）
1982年生まれ。広島県出身。専門は，哲学，倫理学，特に環境倫理学。東京農工大学大学院農学研究院専任講師。博士（学術）。

機械論的世界観批判序説―内省的理性と公共的理性―

2015年11月10日　第１版第１刷発行
2025年５月30日　第１版第７刷発行

著　者　大倉　茂

発行者　田中　千津子
発行所　株式会社　学 文 社

〒153-0064　東京都目黒区下目黒３-６-１
電話　03（3715）1501 ㈹
FAX　03（3715）2012
https://www.gakubunsha.com

印刷所　新灯印刷
写真　大倉啓孝

ISBN978-4-7620-2575-4